Hartarse, vomitar, torturarse

Giorgio Nardone y Matthew D. Selekman

Hartarse, vomitar, torturarse

La terapia en tiempo breve

Traducción: Maria Pons Irazazábal

Herder

Título original: Uscire dalla trappola. Abbuffarsi, vomitare, torturarsi: la terapia in tempi brevi
Traducción: Maria Pons Irazazábal
Diseño de la cubierta: Dani Sanchis

1ª edición, 2.ª impresión, 2020

ISBN: 978-84-254-3109-8

Imprenta: Ulzama digital
Depósito legal: B - 4491 - 2013
Printed in Spain - Impreso en España

Herder
www.herdereditorial.com

Índice

Prólogo

«El verdadero misterio es lo que se ve y no lo invisible». Esta brillante afirmación de Oscar Wilde es perfectamente adecuada para describir el asombro de una persona corriente ante trastornos psíquicos y comportamentales tan sorprendentes, extravagantes y decididamente contra sentido y contra natura como son hartarse, vomitar y provocarse voluntariamente heridas, con el objeto de aliviar un sufrimiento o buscar un estremecimiento de placer.

Historia de Giorgia

Giorgia era una alumna de bachillerato modelo a la vez que una reconocida música. Guapa y de buena familia, aparentemente era una muchacha envidiable desde todos los puntos de vista.

En 1994, Giorgia acudió a mi consulta presentando, pese a su apariencia, un severo y angustioso trastorno. La muchacha, tras una larga sesión de estudio y varias horas de práctica con la flauta, era presa de un auténtico y brutal ataque de hambre que la inducía a hartarse incluso de alimentos que no le gustaban, para luego, una vez completamente ahíta, provocarse el vómito.

A Giorgia la situación le daba mucha vergüenza y había hecho de todo para controlar el impulso, pero había tenido que rendirse: el deseo irrefrenable de comer y vomitar la dominaba.

Aunque la muchacha había conseguido mantener el problema en secreto durante un tiempo, su madre lo descubrió y ese descubrimiento la afectó de tal modo que obligó a su hija a someterse a una terapia. La llevó al psicoanalista al que ella misma acudía desde hacía muchos años, pero la primera impresión no fue muy afortunada y Giorgia se negó a ser tratada por él. Tras ese intento fallido, la muchacha se dirigió a mí.

En aquella época, estábamos experimentando junto con mis colaboradores las técnicas terapéuticas para la puesta a punto del protocolo de tratamiento específico propio para su tipología de trastorno.

Siguiendo las pautas de nuestra experimentación y tras haber explorado en la primera sesión las dinámicas personales e interpersonales de la paciente y la tipología del trastorno, le prescribí en términos claramente técnicos y directivos la intervención terapéutica que parecía ser la más adecuada según nuestras investigaciones aplicativas: «Desde ahora y hasta nuestro próximo encuentro dentro de dos semanas, tienes que comprometerte a seguir al pie de la letra lo que te voy a prescribir: cada vez que sientas que te invade el impulso de hartarte puedes hacerlo, pero cuando llegue el momento en que sientas el deseo de vomitar deberás detenerte y esperar una hora sin ingerir nada más; pasado este tiempo, podrás vomitar».

Giorgia, que era una estudiante obediente y una música acostumbrada a la disciplina, aceptó poner en práctica lo que desde el primer momento le pareció una auténtica tortura. Once días después de nuestra sesión recibí una llamada telefónica de la madre, quien me comunicó que su hija desde hacía unos días había dejado de comer y de vomitar, pero que estaba furiosa conmigo y no quería ni oír hablar de volver a verme.

Como se ve claramente, el éxito terapéutico coincidía con el fracaso de la terapia. Esto me hizo reflexionar mucho sobre lo importante que era, más allá de la técnica específica, dedicar mucha atención a la comunicación y a la relación terapéutica en la formulación de un tratamiento realmente eficaz para ese tipo de trastorno, puesto que quienes lo desarrollan poseen características personales especiales que no pueden ser ignoradas.

Estuve ocho años sin tener noticias de Giorgia, hasta que un día la muchacha se presentó de nuevo en mi consulta. Me costó trabajo reconocerla: su rostro bello y luminoso estaba deformado por un evidente engrosamiento carotídeo, sus ojos estaban rodeados por unas profundas ojeras y sus largos cabellos rubios parecían hojas quemadas por el sol.

La paciente comenzó diciéndome que, aunque yo no la recordara, ella no me había olvidado, porque había sido el único que había obtenido algún resultado en el tratamiento de su problema. Sin embargo, en aquella época se había producido una reacción controvertida: durante un tiempo había dejado de hartarse y de vomitar, pero luego poco a poco había vuelto a hacerlo hasta que el «demonio» se había apoderado de nuevo de ella. Me dijo que no había querido volver a verme porque le había parecido demasiado técnico, frío y distante, una especie de odioso «cirujano del alma»; de modo que había sido tratada por el psicoanalista de su madre, el cual, tras un rechazo inicial, la había ayudado a conocerse mejor a sí misma y sus reacciones, aunque sin abordar para nada el problema de su compulsión. Por sugerencia del propio especialista fue internada en una clínica especializada en el tratamiento de los trastornos alimentarios: durante tres meses fue apartada de la familia y del mundo, tratada farmacológicamente e inducida a participar en dinámicas de grupo diarias con otras pacientes internadas. Giorgia me explicó que durante aquel tiempo llegó a ser experta en todas las variantes de trastornos alimentarios, pero sobre todo empezó a tener relaciones sexuales con un enfermero de la planta para obtener comida, hartarse y vomitar. No solo eso, sino que durante la convivencia con otras muchachas que padecían trastornos alimentarios «aprendió» hasta qué punto podía ser anestésico infligir torturas al propio cuerpo y, también bajo la guía de una «compañera de aventura», aprendió el arte de cortarse con una hoja de afeitar, que se convirtió de ese modo en fiel compañera de viaje durante la época de internamiento y en los años posteriores. Giorgia se subió las mangas de la camisa y me enseñó las marcas de los cortes, al tiempo que me explicaba que tenía marcas en todo el cuerpo, especialmente en las piernas y en los brazos.

Tras ese nuevo intento terapéutico fallido, Giorgia ensayó muchas otras terapias, tanto de tipo farmacológico como psicológico, aunque sin ningún resultado positivo. De modo que, muchos años después, aceptó la idea de volver al odiado «cirujano del alma».

La situación, ocho años más tarde, era la siguiente: Giorgia comía y vomitaba varias veces al día sin conseguir retener ninguna comida, y tenía un peso claramente por debajo del normal; después del rito alimentario, empezaba a hacerse cortes y a jugar con la sangre, extendiéndola por su cuerpo. Ese comportamiento podía durar mucho rato. Giorgia no seguía ninguna psicoterapia desde hacía cinco años, en cambio le habían ido aumentando progresivamente la terapia farmacológica hasta llegar a dosis muy elevadas de antidepresivos, neurolépticos y ansiolíticos, de los que tendía a abusar para aturdirse.

Como recordaba el fracasado intento terapéutico de ocho años antes, en esta ocasión presté mucha atención a la relación terapéutica: me mostré muy cordial y dediqué toda la nueva primera sesión a poner en evidencia las posibles funciones positivas de su trastorno, su valor compensatorio y autorregulador. Al final de la entrevista, Giorgia me dijo: «Ha cambiado mucho, doctor, lo recordaba frío y en cambio ahora es muy amable y cordial», y antes de que yo le sugiriese cualquier prescripción añadió: «Creo que va a pedirme lo que me propuso hace ocho años; es que antes de venir he leído su libro —*Las prisiones de la comida* (Nardone, Verbitz, Milanese, 2011)— y he entendido cómo trata usted el trastorno que padezco».

Le respondí que en esta ocasión no le prescribiría directamente que dejara un intervalo entre el final del atracón y el inicio del vómito si antes no acordaba con ella que este era el único modo posible de transformar la irresistible y placentera pulsión de comer y vomitar en una experiencia desagradable y molesta, con objeto de transformar el deseo en reacción aversiva.

Giorgia inmediatamente declaró que en esta ocasión estaba dispuesta a obedecerme y añadió: «¿Y qué hago con el juego de la hoja de afeitar?». Le repliqué: «Cada cosa a su tiempo, tratemos de eliminar antes tu viejo demonio y luego pasaremos a combatir el nuevo».

Giorgia regresó una semana más tarde habiendo seguido al pie de la letra la prescripción de vomitar una hora después del atracón sin haber ingerido nada en el intervalo. Le dije que algo había cambiado: romper la secuencia significaba anular el placer; no obstante, Giorgia había seguido hartándose a diario y vomitando una hora más tarde, y también había mantenido las torturas con la lámina de afeitar.

Acordamos, siguiendo siempre lo que había leído en mi libro, aumentar el intervalo entre el atracón y el vómito a dos horas. En la sesión siguiente, Giorgia informó que el trastorno se había reducido a un único episodio diario y que por primera vez había conseguido retener una comida: desde hacía unos días había empezado a desayunar por la mañana, concediéndose un capuchino y un cruasán en el bar con su madre, mientras que la amada laminilla seguía desempeñando su función. Dos semanas más tarde, tras haber pactado en la sesión anterior alargar el intervalo a tres horas, Giorgia me comunicó el profundo disgusto y el enorme cansancio que sentía al poner en práctica la prescripción. Puesto que tenía que esperar tres horas antes de vomitar, el volumen de comida ingerida se había reducido y había introducido, además, otros alimentos en el desayuno, de modo que este último se había convertido en un agradable rito matutino. Sin embargo, una vez más, el ritual de las torturas se mantenía intacto. Acordamos aumentar todavía más el intervalo.

Finalmente, en la sesión siguiente, Giorgia declaró que, tras unos días en que había logrado vomitar, empezó a sentir un impulso aversivo hacia ese rito y había dejado de ponerlo en práctica. Además, como la cantidad de comida que utilizaba para vomitar se había reducido, había decidido que podía retenerla. Hablamos largo rato sobre qué había cambiado en la percepción de lo que la había mantenido prisionera durante tantos años y analizamos todos los problemas que podrían presentársele ahora sin esa prisión, que era una coraza para muchas de sus dificultades. Al final de la sesión me preguntó qué tenía que hacer para solucionar el rito placentero de la laminilla; le respondí que todavía era libre de practicarlo pero que, antes de comenzar, debería detenerse a reflexionar durante unos minutos preguntándose si todavía tenía necesidad de ese particular tipo de anestesia o si podía empezar a prescindir de ella.

En el siguiente encuentro, Giorgia declaró que no hubo atracones seguidos de vómito, y que incluso había empezado a seguir una alimentación correcta en las comidas, aunque claramente controlada; respecto a los rituales autolesivos, explicó que por primera vez había conseguido evitarlos unos días sustituyéndolos, tras años de inactividad, por la flauta. Durante los años en que había sido prisionera de su trastorno, la muchacha había abandonado los estudios y la actividad musical.

La terapia prosiguió, aunque con citas cada vez más espaciadas, con el objeto de que la paciente recuperara todos los espacios literalmente devorados por su patología. Ocho meses después del inicio del tratamiento, Giorgia había abandonado tanto el comportamiento alimentario compulsivo como el autolesivo. Mientras tanto, la neuróloga de nuestro centro se había encargado de reducir progresivamente el tratamiento farmacológico.

Un año después de acabar el tratamiento psicológico, Giorgia, libre ya también del farmacológico, activó plenamente su vida social y empezó una nueva relación de pareja.

Como ocurre a menudo en los casos de una patología prolongada en el tiempo que se extingue rápidamente, ese proceso de curación se corresponde con una crisis en la pareja parental; el padre de Giorgia había iniciado una relación extramatrimonial. La muchacha resistió muy bien la crisis sin entrar en recaídas. Tres años más tarde, Giorgia y yo hablábamos tranquilamente pocas semanas antes de que diese a luz a su primer hijo. Hoy está felizmente casada, tiene dos niños y trabaja como secretaria en un organismo público. En su tiempo libre da clases de flauta.

El ejemplo de Giorgia sirve para poner de relieve todos los aspectos que se tratarán en los capítulos siguientes: la descripción de las características de la compulsividad en las acciones de comer y vomitar y en la autolesión; la confusión notable que existe en la literatura relativa a estos dos trastornos y a su asociación, con la consiguiente elevada frecuencia de errores diagnósticos y posteriores fracasos terapéuticos; la valoración perjudicial de los dos trastornos de compulsión autolesiva como comportamientos autodestructivos; la presentación de un método de investigación-intervención para la puesta a punto de estrategias terapéuticas efectivas que se ajusten a la especificidad de esta patología; la exposición del protocolo de tratamiento y de sus variantes adaptadas a las variantes del trastorno; las soluciones terapéuticas adaptadas a las características del trastorno, así como las soluciones alternativas al propio trastorno; las modalidades comunicativas y relacionales para facilitar la gestión de la relación terapéutica con una tipología de pacientes muy difíciles de tratar.

En estas páginas recurriremos constantemente a ejemplos clínicos reales, hasta llegar a la presentación final de la transcripción de los tratamientos realizados, con los correspondientes comentarios a las maniobras terapéuticas desarrolladas y al proceso evolutivo del tratamiento.

El texto está organizado, por tanto, en una primera parte dedicada a la descripción de la patología, que se manifiesta a través de la irrefrenable compulsión a comer y a vomitar en concomitancia con la tendencia a comportamientos autolesivos, y una segunda parte dedicada a las estrategias terapéuticas que han demostrado ser especialmente eficaces y sorprendentemente rápidas, aunque poniendo en evidencia que su aplicación exige una notable competencia comunicativa y relacional por parte del terapeuta: los pacientes afectados por este tipo de trastorno suponen un autentico reto terapéutico debido a su resistencia al cambio. Por último, se expondrán y comentarán cuatro casos tratados: bulimia nerviosa/*vomiting* tratada con una solución adaptada a la lógica del problema; comportamiento autodestructivo con trastorno alimentario tratado con solución alternativa al problema; trastorno autolesivo severo tratado con solución alternativa al problema; autolesión y trastorno alimentario sobre la base de abuso sexual tratado con solución adaptada al problema.

En esta sección se aclararán paso a paso las técnicas aplicadas, de modo que el lector pueda introducirse en el meollo de la acción terapéutica.

I

Conocer

1. Bulimia nerviosa/*vomiting* y comportamientos autolesivos: dos caras de la misma moneda

Los trastornos psíquicos y conductuales a menudo nos parecen sorprendentes y grotescos en su naturaleza, y a veces inusuales y grotescos en su expresión: el síndrome de *vomiting* y la *self-harming compulsion* representan los casos más emblemáticos. Resulta realmente inconcebible para el que no es experto en el tema que una persona pueda llegar a comer y vomitar compulsivamente varias veces al día, y que pueda vivir esta experiencia como una forma de placer irresistible; y mucho menos razonable puede parecer causarse heridas con una hoja de afeitar, o quemarse con un cigarrillo o rascarse hasta desollarse, o incluso arrancarse las pestañas, experimentando, en todos estos casos, un sutil placer.

Sin embargo, las compulsiones basadas en el placer son una forma de trastorno que ha crecido como una epidemia en los últimos dos decenios, aunque la literatura clínica tiende a dar de ellas una imagen obsoleta de patologías autodestructivas, víctima aún de un prejuicio entre moralista y reduccionista. La mayoría de los autores (Zerbe, 2008; Levitt *et al.*, 2004; Waller, 1992; AA.VV., 1980; Garfinkel, Garner, 1985) que han publicado trabajos sobre ese tema parecen rechazar la idea de que una compulsión contra natura, que produce lesiones físicas y orgánicas, pueda ser vivida por el sujeto como una forma de extraordinario placer. Sin embargo, trabajando con pacientes que presentan formas de comportamiento autolesivo asociado a diferentes trastornos alimentarios, especialmente *vomiting*, *binge eating* y bulimia nerviosa, se observa que el hecho de hartarse, vomitar y lesionarse aparecen en primer lugar como comportamientos compensatorios de un sufrimiento psicológico y luego, gradualmente, a través de la repetición en el tiempo, se transforman en una auténtica compulsión, placentera e irrefrenable. En otras palabras, en la mayoría de los casos el efecto sedativo frente al dolor psíquico causado por la práctica del comportamiento patológico se transforma, en unos meses, en una forma de ritual placentero.

A nosotros nos parece extraño el rechazo a aceptar lo que los propios pacientes expresan de forma inequívoca en las sesiones: los sujetos afirman con toda claridad que comer y vomitar es el placer más elevado que logran darse, del mismo modo que infligirse heridas representa para ellos una especie de goce sublime. Ese ritual sigue desempeñando el papel de anestésico y de compensación respecto a otros sufrimientos no superados, pero su repetición en el tiempo, o bien su persistencia en el presente, se distingue de su función en el pasado.

Como tendremos ocasión de explicar más adelante a propósito de los habituales errores de diagnóstico relacionados con esta patología, parece ser que para una gran parte de los investigadores clínicos es más importante estar de acuerdo con visiones nosográficas estandarizadas y con tradiciones teóricas dominantes que buscar soluciones realmente eficaces y eficientes para las formas más invalidantes de patología psicológica.

En cambio, los contenidos de este texto son el resultado de la experiencia de más de veinte años de trabajo de dos terapeutas e investigadores que basan sus técnicas en la experimentación directa de estrategias terapéuticas capaces de resolver definitivamente los problemas que presentan los pacientes y que, basándose en el éxito terapéutico, reconstruyen las características de los problemas resueltos a través de las soluciones que han funcionado. En otras palabras, la postura metodológica adoptada es de tipo puramente tecnológico (Nardone, Balbi, 2009), es decir, se puede llegar a conocer cómo funciona una patología no observándola desde fuera o midiendo cuantitativamente las estadísticas epidemiológicas, sino solamente a través de las técnicas terapéuticas capaces de conseguir la extinción del trastorno. Si un modelo compuesto de maniobras terapéuticas específicas replicables conduce a la curación a muchos sujetos distintos que presentan la misma patología, las características de las técnicas adoptadas mostrarán el funcionamiento del trastorno.

Como veremos en el capítulo dedicado a la explicación de tal metodología de investigación y de intervención en el terreno clínico y a su aplicación a la patología en discusión, precisamente la aplicación con éxito a miles de casos de un modelo terapéutico rigurosamente construido ad hoc nos ha llevado a destacar sus características esenciales en cuanto a su formación y persistencia en el tiempo. Lo que es capaz de producir un cambio estratégico se convierte en lo que permite conocer la realidad que se ha cambiado.

1.1. Compulsiones basadas en el placer o sedativos del dolor

La literatura de investigación en el ámbito clínico ha puesto en evidencia la frecuente coincidencia de la aparición de un trastorno alimentario y formas de autolesión. En un informe realizado por algunos expertos, entre los que figura Favaro (Favaro *et al.*, 2004), se cuantifica en un 25 % los casos de trastorno alimentario asociados a comportamientos autolesivos. Sin embargo, si se incorporan las diferentes formas de patología alimentaria —bulimia nerviosa, anorexia nerviosa, *binge eating*, bulimia nerviosa/anorexia nerviosa con conductas de eliminación (esto es, vómito autoinducido o procedimientos para purgarse)— se ve claramente que el dato que se refiere a la asociación entre bulimia nerviosa con autoinducción al vómito, patología definida hace más de diez años por uno de los autores de *Vomiting syndrome* (Nardone *et al.*, 2011), abarca más del 65 % de los casos, lo que indica de forma innegable que entre ambas formas de trastorno existe una relación. Este fue el punto inmediato de contacto entre el trabajo original de ambos autores: Matthew Selekman (2005, 2009), en su larga experiencia en comportamientos autolesivos, ha observado que en casi el 70 % de los casos aparece también un trastorno alimentario, sobre todo bulimia nerviosa con vómito autoinducido. Giorgio Nardone y su grupo de investigadores, en su estudio de veinte años sobre los trastornos alimentarios y su tratamiento en tiempo breve, destacan el mismo dato desde la perspectiva inversa, esto es, en casi el 70 % de los casos con patología de *vomiting* aparecen también compulsiones autolesivas.

Por tanto, de los datos epidemiológicos y las experiencias de investigación y aplicación clínica de los autores se deduce que comer y vomitar se halla asociado en la mayoría de los casos a la compulsividad autolesiva, y viceversa. Esto indica que en ambos casos nos encontramos frente a una única patología con manifestaciones compulsivas asociadas. Apoya esta tesis el hecho de que las evoluciones de ambos trastornos presentan notables semejanzas: ambos aparecen como actos compensadores y autorreguladores, para transformarse luego en compulsiones irrefrenables.

Respecto al vómito autoinducido, existe desde hace tiempo literatura que indica que más de dos tercios de los casos de anorexia nerviosa prolongada en el tiempo se transforman en bulimia nerviosa con vómito autoinducido (Costin, 1996). Es decir, cerca del 50 % de las personas anoréxicas modifica con el tiempo la conducta alimentaria restrictiva en atracones seguidos de vómito autoinducido, como práctica de control del peso, del mismo modo que es bien sabido que el 30 % de los casos de sobreingesta, partiendo del polo opuesto del trastorno alimentario, se desarrollan siguiendo el mismo modelo patológico (atracones y vómito). En ambos casos, si el ritual de comer y vomitar se intensifica hasta convertirse en un hecho cotidiano, al cabo de unos meses el acto de vomitar como acto compensatorio destinado a la gestión de los efectos del atracón se transforma en placer compulsivo. Al llegar a este punto, los sujetos ya no vomitan porque han abusado de la comida, sino que comen en exceso deliberadamente para vomitar después (Nardone *et al.*, 2011).

En cuanto a la compulsión a cometer actos autolesivos, se observa que estos aparecen la mayoría de las veces no como actos autodestructivos, sino como modalidades autopunitivas en las que se inflige un dolor físico para aliviar otro dolor de tipo emocional. En realidad, hay que distinguir entre los *actos autolesivos mayores*, típicos de las personas que padecen esquizofrenia o demencia, como demuestra bien Favaro (Favaro *et al.*, 2004) y los *menores*, típicos de personas que carecen de control de la impulsividad o están afectadas por una patología compulsiva.

En nuestro caso se trata de la tipología de comportamientos autolesivos menores, que no causan, al menos de una forma inmediata, daños invalidantes o permanentes a la persona, como son por ejemplo «hacerse cortes», «producirse quemaduras leves», «desollarse», «arrancarse pelos y cabellos», «morderse», «golpearse partes no peligrosas del cuerpo».

Es evidente, por tanto, que estos comportamientos no tienen nada que ver con los actos suicidas, cuyo objetivo es poner fin a la vida y no torturarse. Desgraciadamente, es frecuente en la literatura establecer una equivalencia errónea entre intento de suicidio y compulsión autolesiva. Sin embargo, la aclaración nos la proporciona justamente la habitual evolución del trastorno que, si se intensifica en su frecuencia, se transforma gradualmente de dolor en placer sutil. En este punto, el hecho de autolesionarse, además de ser un acto compensatorio de otro dolor o una punición, es una búsqueda compulsiva de sensaciones fuertes.

Como bien se ve, el síndrome del *vomiting* y el de autolesión tienen muchos puntos en común, además de una simple correlación estadística: comparten el tipo de formación y persistencia, así como la función al principio compensatoria y autorreguladora, que se transforma posteriormente en un ritual de placer: la sensación de dolor autoinfligido se transforma lentamente en un estremecimiento de placer irresistible.

Otra característica común a ambas formas de trastorno es el hecho de que desempeñan también funciones fundamentales para los pacientes: o de pura búsqueda de sensaciones transgresoras, o de sedante eficaz frente a la frustración o el dolor. Los pacientes cuentan claramente que recurren a los dos tipos de compulsión a veces persiguiendo el primer objetivo y a veces el segundo, aunque predomina, como veremos, la búsqueda de sensaciones transgresoras, que precisamente por su poderosa fuerza también desarrolla una función sedativa.

En resumen, cabe afirmar que cuando los dos trastornos aparecen asociados se convierten en las dos caras de la misma moneda.

No obstante, es importante destacar que en la estructuración de la psicopatología los dos aspectos compulsivos no se desarrollan en paralelo y al mismo tiempo, sino que uno de los dos aparece en primer lugar, y no se añade el segundo hasta que el primero se ha constituido en compulsión irresistible.

Los datos recogidos en el Centro di Terapia Strategica (CTS) de Arezzo a lo largo de los últimos diez años muestran cómo en la gran mayoría de los casos aparece en primer lugar el trastorno alimentario; más tarde, cuando este trastorno se ha vuelto realmente compulsivo, los comportamientos autolesivos se añaden a la práctica reiterativa de comer para vomitar. Esto significa que, en el caso concreto de la asociación entre bulimia nerviosa con vómito autoinducido y comportamientos autolesivos, el trastorno alimentario se transforma en una búsqueda compulsiva de sensaciones fuertes y transgresoras. No es casual que a las dos formas compulsivas descritas se asocien con frecuencia también otras conductas transgresoras, como robar, poner en práctica conductas peligrosas como fuente de sensación, o practicar sexo de forma compulsiva con distintas personas. En cambio, el abuso de alcohol y drogas aparece en un subgrupo de individuos que se distinguen claramente de aquellos que buscan el estremecimiento, el placer o la seducción mediante las prácticas con su propio cuerpo sin necesidad de recurrir a las drogas. Desgraciadamente, como veremos en el siguiente capítulo, también en este aspecto aparecen en la literatura equivalencias confusas entre los trastornos de dependencia y los trastornos alimentarios acompañados de actos autolesivos.

Volviendo a las compulsiones de *vomiting* y autolesión, se puede afirmar que, si bien ambas formas de trastorno aparecen asociadas la mayoría de las veces, el trastorno alimentario constituye la patología básica. Hasta el punto de que, como aclararemos más adelante, si se interviene con éxito en la compulsión alimentaria, muchas veces desaparece también el comportamiento autolesivo, o bastarán unas cuantas maniobras terapéuticas añadidas para eliminarlo. En cambio, si se anulan primero los comportamientos autolesivos, el trastorno alimentario permanecerá intacto y, para eliminarlo, se requerirá una terapia completa y no solo unas cuantas maniobras específicas añadidas a la intervención anterior.

En resumen, la patología caracterizada por la búsqueda voluntaria de atracones seguidos de vómitos autoinducidos asociados con actos autolesivos comienza con un trastorno alimentario (anorexia o bulimia), que se transforma en un deseo irrefrenable de comer/vomitar, al que se añade luego la compulsión a practicar actos autolesivos. Todo ello está basado en los efectos de placer irresistible que acompañan a los efectos sedantes y que se desarrollan a través del ejercicio reiterado de tales prácticas disfuncionales, hasta convertirse en un auténtico cuadro sindrómico (como aparece representado en la figura 1).

Comer, vomitar y torturarse se estructura como una patología compulsiva basada en el placer o en el efecto sedante, que se diferencia claramente tanto de las otras formas de trastorno compulsivo basadas en el miedo, como del trastorno alimentario que la ha originado inicialmente. Precisamente por estas características específicas el tratamiento es diferente al que se aplica tanto a los casos de anorexia y bulimia como a la terapia de los trastornos obsesivo-compulsivos.

Figura 1

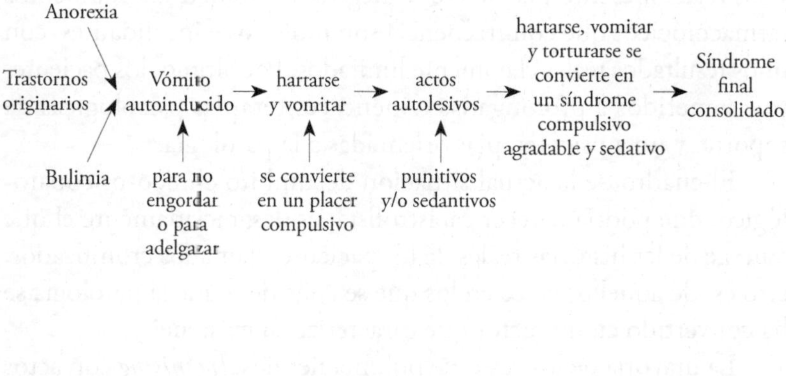

1.2. Errores habituales en los criterios diagnósticos

En los últimos veinte años se ha asistido, en el ámbito de la psicoterapia, a una especie de «furor diagnóstico» a raudales de una reducida producción de técnicas terapéuticas innovadoras (Castelnuovo *et al.*, 2011). Por otra parte, la psiquiatrización del sector es cada vez más evidente y poderosa, porque está impulsada más que por un interés científico real, por intereses económicos, concretamente de los laboratorios farmacéuticos que subvencionan investigaciones destinadas a la construcción de cuadros nosográficos para los que, no por casualidad, se elaboran psicofármacos milagrosos.

La psicoterapia como disciplina médico-psicológica, basada en estrategias comunicativas, relacionales y conductuales dirigidas por un terapeuta experto sin necesidad de recurrir a fármacos, a intervenciones quirúrgicas o a coerciones al paciente (Nardone, Salvini, 2011*a*) corre el riesgo de ser arrollada por la oleada psiquiátrica que marca el procedimiento estándar: diagnóstico mediante el DSM-IV *(Manual diagnóstico y estadístico de los trastornos mentales)*, tratamiento farmacológico y, en todo caso, terapia psicológica de soporte. Se trata de una metodología no solo reduccionista y carente del rigor científico que pretende aparentar, sino decididamente peligrosa para los pacientes. A estos, en primer lugar, se los encasilla en categorías diagnósticas estandarizadas, que no tienen en cuenta sus características personales e históricas específicas, así como su experiencia subjetiva y sus relaciones interpersonales, y luego se los somete a tratamientos farmacológicos que con frecuencia son molestos e invalidantes, con unos resultados reales claramente limitados. Por último, los pacientes son sometidos a prolongadas e ineficaces terapias psicológicas de soporte, y no a psicoterapias orientadas a la patología.

El cuadro de la actual situación del ámbito clínico-psicopatológico, que podría parecer catastrofista, es desgraciadamente el que emerge de las historias reales de los pacientes llamados cronificados, esto es, de aquellos casos en los que se considera que la patología se ha convertido en un factor que caracteriza su existencia.

La mayoría de los casos de bulimia nerviosa/*vomiting* con actos autolesivos se incluye en esta categoría porque, como se ha dicho antes, esta patología se desarrolla a partir de la presencia persistente del trastorno alimentario del que deriva, o bien después de un período prolongado de actos de autolesión. Por tanto, para quien se basa en una rígida nosografía psiquiátrica, su proceso etiopatogénico hace que aparezca como una forma cronificada del trastorno. Ese encasillamiento se transforma a menudo en una «profecía que se autorrealiza» cuando el paciente y su familia se convencen, apoyándose en la declaración del experto, de la imposibilidad de tratar el caso.

La realidad que más debe llamar la atención, a propósito del fenómeno de la «manía diagnóstica» de la psiquiatría actual respecto a la patología que es objeto de nuestro tratado, es que no existe en la clasificación nosográfica un diagnóstico puro del trastorno alimentario caracterizado por la repetición de atracón y vómito autoinducido (Nardone *et al.*, 2011; Nardone, Portelli, 2012). Este trastorno se define como un subtipo de bulimia nerviosa o anorexia nerviosa con purgación, en el que el acto de vomitar ha de considerarse semejante al uso de laxantes y del ejercicio físico, esto es, un complemento del trastorno alimentario, y no una parte esencial de la compulsión basada en el placer, como explican los pacientes.

Tampoco existe un criterio diagnóstico preciso para los comportamientos autolesivos, que se reducen a trastornos de la personalidad *borderline*, o a conductas autodestructivas y suicidas. Solo algunos estudiosos han demostrado, en los últimos años, la relación existente entre los trastornos alimentarios y los actos autolesivos.

Por tanto, una visión que basa sus métodos en la presunta veracidad de una rigurosa clasificación diagnóstica resulta, en relación con el tema que tratamos, claramente deficiente, imprecisa e insostenible desde un punto de vista empírico.

Lo que sorprende es que la gran mayoría de los autores (Zerbe, 2008; Costin, 2007; AA.VV., 1980; Caruso, Manara, 1997; Folsom, Krahn, 1993) que han estudiado el fenómeno de los trastornos alimentarios asociados a actos autolesivos considera que se trata de actos autodestructivos. Solo algunos hacen referencia a la función autorreguladora del trastorno (Levitt, 2004).

Esta interpretación, como ya hemos señalado, está muy alejada de las declaraciones de los pacientes, y parece estar basada más en el prejuicio de que la persona que actúa contra sí misma voluntariamente es sospechosa de estar poseída por oscuras fuerzas malignas, o bien, como han subrayado otros autores, esos actos se cometerían como autopuniciones por culpas vividas de manera exagerada. No puede faltar la tradicional visión psicodinámica, que reduce los dos síntomas autolesivos a traumas infantiles. Por otra parte, la visión feminista «posmoderna», afortunadamente un fenómeno ideológico/científico exclusivamente norteamericano, pretende a toda costa hallar la explicación de ambas formas de trastorno en presuntos abusos sexuales de los que habrían sido víctimas las mujeres, pese a que los datos de que se dispone no muestran una correlación significativa entre ambos fenómenos.

Finalmente, en los últimos años hemos visto cómo irrumpían en el escenario del «furor diagnóstico» las llamadas neurociencias, que muestran a través del PET (tomografía por emisión de positrones) y de la FMRI (resonancia magnética funcional) cómo las personas afectadas por compulsiones y falta de control de los impulsos activan áreas específicas de su cerebro, o bien sufren hipertrofias o hipotrofias de algunas estructuras. Obviamente, todo ello está orientado al «descubrimiento» de nuevos fármacos milagrosos, aunque las investigaciones aplicadas muestran que una psicoterapia eficaz puede conducir no solo a la desaparición del trastorno, sino también a un reequilibrio de esas activaciones cerebrales disfuncionales, así como a la ordenación neuroquímica del organismo.

Como bien puede deducir el lector, el cuadro de las interpretaciones diagnósticas tanto de la bulimia nerviosa/*vomiting* como de la compulsión de conductas autolesivas resulta más bien desalentador, y los enfoques terapéuticos que se derivan ofrecen muy pocos resultados tranquilizadores.

El vicio de fondo reside en el método basado en la secuencia diagnóstico → tratamiento que, si bien puede funcionar en la medicina orgánica y biológica, no es adecuada para los fenómenos psicológicos, terreno en el que ninguna observación puede ser neutral y carecer de efectos sobre lo observado. En otras palabras, si en medicina puedo diagnosticar primero una enfermedad y establecer después una terapia, en psicopatología esto es imposible, porque cualquier relación entre el clínico y el paciente influirá en el resultado del tratamiento. Basta pensar en los conocidos efectos psicológicos como el efecto placebo, el efecto etiquetaje, el efecto Forer o el efecto expectativa[1] (Sirigatti *et al.*, 2008). Vale la pena recordar a este respecto el relato de Gordon Allport sobre un episodio ocurrido en Austria al final de la primera guerra mundial. Un individuo internado en un hospital para veteranos de guerra presentaba una rara patología que lo mantenía atado a la cama, sufriendo dolores invalidantes en todo el cuerpo que no se correspondían con ningún caso clínico, hasta el punto de que los médicos tenían serias dificultades para su tratamiento. Convencidos de que, si tuvieran el diagnóstico correcto de la enfermedad que afectaba al paciente, podrían ayudarle, llamaron al patólogo austríaco más famoso de la época. Se anunció al paciente esta consulta como la vía de salida de su problema, puesto que sin duda el profesor los orientaría en el diagnóstico y la terapia que había que aplicar a su oscuro mal. Llegó el patólogo, visitó brevemente al sujeto y luego, dirigiéndose a sus colegas, exclamó: «*Moribundus*».

Extrañamente, en los días sucesivos el paciente siguió mejorando hasta su completa curación. Paul Watzlawick comenta este episodio irónicamente diciendo que a veces es una suerte no saber latín. Este episodio es un ejemplo espléndido de cómo funciona «una profecía que se autorrealiza».

1. El *efecto placebo* consiste en una serie de reacciones del organismo a una terapia que no deriva de los principios activos propios de la terapia misma, sino de las expectativas del individuo. El *efecto etiquetaje* es un fenómeno por el que la etiqueta diagnóstica influye en la vida de la persona a la que se le adjudica, es decir, se trata de una realidad inventada que produce efectos concretos. Se define como *efecto Forer* la observación según la cual un individuo al que se le presenta un perfil psicológico que cree referido a sí mismo tiende a identificarse con ese perfil considerándolo exacto y preciso, ignorando que se trata de un perfil tan vago y genérico que puede ser aplicado a un gran número de personas. El *efecto expectativa* consiste en los efectos terapéuticos que espera recibir el individuo que decide iniciar una psicoterapia. A diferencia del efecto placebo, en el que se prescribe una sustancia inocua que se presenta como un fármaco, en el efecto expectativa no se produce ninguna intervención directa por parte del experto.

Por otra parte, en un campo como el de la física, Heisenberg demostró hace muchos años con su principio de indeterminación la insostenibilidad del conocimiento «objetivo», puesto que incluso en el laboratorio el experimentador influye en sus observaciones a través de sus métodos y sus instrumentos. En el mismo sentido afirmó Einstein: «Son nuestras teorías las que influyen en nuestras observaciones».

Por consiguiente, en psicología clínica y en psicoterapia el diagnóstico no puede ser previo a la terapia, sino que es parte integrante de ella y resultado final en caso de éxito. Esto significa que, aunque pueda parecer un contrasentido, en el trabajo con trastornos psicológicos solo se puede obtener un diagnóstico al final de un tratamiento eficaz, esto es, son las soluciones las que explican el problema que se ha resuelto. Igualmente, para aclarar una patología es necesario conocer bien lo que es capaz de conducirla al cambio terapéutico.

1.3. La solución explica el problema: la investigación-intervención en psicoterapia

La filosofía de la ciencia (Popper, 2005) resume en los siguientes pasos el método de la investigación:

- se tropieza con un problema;
- se estudian todos los intentos de solución puestos en práctica;
- se buscan soluciones alternativas;
- se aplican estas soluciones;
- se evalúan los efectos;
- se ajusta la estrategia hasta hacerla eficaz.

Por tanto, para analizar bien el trastorno en cuestión deberemos evaluar la metodología capaz de llevarlo a la remisión, tras haber estudiado todos los intentos que han resultado fallidos.

Lo que es válido para la tecnología avanzada en su aplicación a los problemas que hay que resolver también es válido para la psicoterapia (Nardone, 2010), con la diferencia de que esta última no tiene más instrumentos que ella misma y su capacidad de influir en el paciente hacia el cambio de las percepciones, emociones, cogniciones y comportamientos disfuncionales. Concretamente, en el caso de la psicoterapia se trata de adoptar estrategias terapéuticas y técnicas específicas para las distintas formas de patología, saber crear una relación en la que el paciente confíe en el tratamiento, saber usar un lenguaje persuasivo capaz de inducir al paciente a seguir las indicaciones o a evocar en él las sensaciones y emociones necesarias para el cambio terapéutico.

Inmediatamente se ve claro que, desplazando la perspectiva del estudio de los problemas (diagnóstico) al estudio de las soluciones (terapia), los factores fundamentales para el éxito terapéutico no se limitan a la eficacia de las estrategias, sino que se extienden también a la actuación del terapeuta. Todo esto escapa a la rigidez y la normatividad de los manuales y tratados, como querrían los defensores del *tratamiento con apoyo empírico* (Chambless, Ollendick, 2001). De hecho, aunque las estrategias y las técnicas pueden mantenerse invariables en la terapia de la misma patología, la relación terapéutica y el lenguaje que hay que adoptar deberán adaptarse siempre a las características específicas del paciente y de su contexto.

Teniendo presente cuanto se ha dicho, en este apartado nos ocuparemos de aclarar cómo se han construido estrategias ad hoc para el problema que tratamos y cómo estas estrategias son capaces de revelar su estructura y funcionamiento, y dejaremos para los próximos capítulos el tratamiento detallado del proceso terapéutico y de sus elementos esenciales.

Los autores, guiados por la perspectiva de la búsqueda de soluciones terapéuticas, han desarrollado, cada uno por separado, formas específicas de tratamiento para la compulsión y los actos autolesivos y para el tratamiento de comer y vomitar. Posteriormente, la relación entre ambos ha permitido desarrollar un modelo riguroso y flexible para la terapia en tiempo breve de esas condiciones.

Hay que aclarar que el trabajo de ambos, partiendo de la tradición de la terapia breve estratégica y orientada a las soluciones, ha evolucionado de forma original, y las técnicas desarrolladas son el fruto de la aplicación de eficaces estrategias terapéuticas a miles de casos a lo largo de los últimos veinte años. De modo que no se trata de las intuiciones del pensador de turno o de las deducciones sacadas del estudio de casos particulares, ni mucho menos de los resultados de investigaciones de laboratorio realizadas sobre una muestra de pacientes respecto a un grupo de control, para establecer si el tratamiento es o no confirmado empíricamente. El trabajo de Selekman y Nardone es, por el contrario, el fruto de una prolongada experimentación clínica sobre el terreno, con pacientes reales tratados profesionalmente desde el respeto ético de su necesidad de salir cuanto antes y de la mejor manera posible de una patología invalidante.

Ambos autores filman su trabajo para documentarlo y estudiarlo de forma sistemática, a fin de mejorar continuamente el impacto terapéutico. Además, alumnos de todo el mundo, formados junto a Selekman y Nardone, ponen en práctica estas estrategias terapéuticas, con lo que se puede destacar su eficacia transcultural.

Esto no pretende ser una exhibición de méritos personales, sino un modo de afirmar la eficacia empíricamente comprobada de un modelo terapéutico, respecto a la extendida y a veces arrogante presentación de tratamientos que se consideran basados en la evidencia empírica, mediante la utilización de una metodología promovida por la farmacoterapia. Ese enfoque, con ello, olvida y omite el hecho de que en psicoterapia el grupo de control representa un procedimiento falso, además de antiético.

Para los autores, la evidencia empírica se mide en el campo y no en laboratorios artificiosos con estudiantes voluntarios o con personas que poco tienen que ver con la casuística y la práctica clínica real.

De acuerdo con los criterios de la epistemología, para que un modelo de intervención aplicado a una clase de problemas sea considerado válido ha de demostrar: a) *ser eficaz*, es decir, ser capaz de resolver el problema; en nuestro caso, esto se traduce en la extinción del trastorno, actuando para que no vuelva a aparecer; b) *ser eficiente*, es decir, ser capaz de producir resultados con una relación costes/beneficios positiva; en nuestro caso, lograr la eficacia en tiempo razonablemente breve (3-6 meses), a fin de permitir la atribución de la responsabilidad del cambio a la intervención; c) *ser replicable*, en el sentido de que el modelo terapéutico específico ha de ser aplicable con éxito a personas distintas que presenten el mismo tipo de patología; d) *ser transmisible*, o sea, el modelo ha de poder ser enseñado y aprendido para poder luego ser aplicado por otros especialistas, y no ha de permanecer como prerrogativa exclusiva de un único terapeuta; e) *ser predictivo*, es decir, ser capaz de prever en el proceso de aplicación, en todas sus fases y técnicas, los posibles resultados, a fin de ser adaptable y autocorrectivo.

Solo si una forma de psicoterapia específica para un trastorno concreto satisface estos criterios de rigor científico en su aplicación a una muestra numerosa de casos clínicos puede ser considerada realmente válida, no únicamente como intervención específica para el problema, sino también como instrumento fundamental de conocimiento (Nardone, Watzlawick, 2005). De hecho, las características de las soluciones adoptadas conducirán a la comprensión de las características del problema resuelto. Por ejemplo, cuando a principios de los años noventa en el CTS de Arezzo se inició el proyecto de investigación/intervención en los trastornos alimentarios y vimos que las estrategias terapéuticas idóneas para la anorexia y la bulimia (*overeating, binge eating*) no obtenían los mismos resultados positivos en los casos de bulimia nerviosa y anorexia nerviosa con atracones y vómito autoinducido, nos dimos cuenta de que esta patología se diferenciaba claramente de las otras dos, aunque derivaba de ellas. Fueron las soluciones terapéuticas construidas ad hoc, capaces de romper el círculo vicioso placentero de comer y vomitar, las que nos hicieron descubrir la estructura y el funcionamiento del trastorno. Su posterior aplicación con éxito a una extensa muestra de sujetos con el mismo problema nos llevó tanto a la constatación de la validez del modelo terapéutico como de la hipótesis sobre la formación y la persistencia del trastorno como compulsión basada en el placer.

Hoy, más de quince años después, el modelo ha sido aplicado a más de 2 500 pacientes, tratados tanto en el CTS de Arezzo como por más de cien psicoterapeutas formados y afiliados a la estructura que actúan en las sedes internacionales, proporcionando así una prueba empírica, y también transcultural, de su eficacia.

En relación con la *eficacia*, los datos destacan un 79 % de casos resueltos, con un mantenimiento del resultado en el *follow-up* realizado al cabo de un año de haber finalizado la terapia. Es importante comparar este resultado con el obtenido por la terapia cognitivo conductual, considerada por los defensores del *tratamiento con apoyo empírico* un enfoque-parámetro para la evaluación de la eficacia terapéutica (Castelnuovo *et al.*, 2011). Esta terapia resulta ser capaz de obtener resultados positivos en los casos de bulimia nerviosa no superiores al 50% al final del tratamiento, y resultados más reducidos aún en los *follow-up* de control (Clark, 1995; Craighead, Agras, 1991; Mitchell *et al.*, 1985; Keel, Mitchell, 1997). En un estudio llevado a cabo por Castelnuovo (Castelnuovo *et al.*, 2010) en Milán, en el Centro Auxológico, se ha utilizado la metodología del *ensayo clínico* aleatorio y de la *medicina basada en la evidencia*, comparando los resultados de los pacientes afectados por el trastorno de *binge eating* tratados con terapia cognitivo-conductual con los de los pacientes tratados con la terapia breve estratégica de Nardone. De ese estudio se deduce que los resultados de la terapia breve estratégica son superiores tanto si se miden al final del tratamiento como en los *follow-up* posteriores.

Respecto a la *eficiencia* del modelo, el estudio indica una duración media de las terapias de 12 sesiones (el 51% por debajo de las 10 sesiones, el 27% por debajo de las 20 sesiones, el 22% por debajo de las 30 sesiones). En cuanto al criterio de *replicabilidad*, el paradigma se ha aplicado a una muestra de 2 561 casos que presentaban bulimia nerviosa/*vomiting*, incluso en culturas y países diferentes como Italia, Francia, España, Alemania, Rusia, Estados Unidos, México y Colombia. Respecto a la *transmisibilidad*, las terapias han sido realizadas por 102 psicoterapeutas, formados todos ellos en el CTS de Arezzo bajo la dirección de Giorgio Nardone. Finalmente, en cuanto al criterio de *predictividad*, el modelo prevé algunas variantes de las técnicas según la capacidad de respuesta de los pacientes a las maniobras terapéuticas específicas, y está construido de tal manera que prevé fases secuenciales específicas que hay que completar desde el inicio hasta el final del tratamiento (como se expondrá en el capitulo siguiente).

El hecho de que el modelo esté dirigido a provocar la transformación del rito de placer en una experiencia desagradable y a eliminar la función de compulsión irresistible demuestra que comer para vomitar es una patología distinta tanto de la anorexia nerviosa como de la bulimia nerviosa. Comer para vomitar representa de hecho una «cualidad emergente»: del mismo modo que el agua nada tiene que ver con el oxígeno aunque es un producto de este, el *vomiting* como trastorno evolucionado se distingue claramente de sus orígenes (Nardone *et al.*, 2011; Nardone, Portelli, 2012).

Selekman ha realizado un trabajo muy similar sobre las comportamientos autolesivos, hasta llegar a seleccionar una serie de técnicas terapéuticas eficaces y eficientes que integran numerosas y distintas estrategias terapéuticas dentro de un modelo secuencial riguroso (Selekman, 2009). También en este caso las soluciones que tienen éxito revelan las características fundamentales del problema, poniendo en evidencia la función de sedante psicológico y de búsqueda de sensaciones fuertes.

Para acabar, el lector ha de saber que la asociación entre los dos autores se ha producido también en el terreno de la eficacia terapéutica. De hecho, antes de encontrarse, cada uno de ellos había utilizado en la práctica clínica algunas técnicas tomadas del trabajo del otro, descubriendo su validez específica. De modo que la posterior complicidad profesional y amistad personal ha sido el fruto de la estima recíproca y de la comprobación mutua de los respectivos modelos de intervención terapéutica.

II
Cambiar

Prefacio

Tras haber tratado los aspectos cognoscitivos que distinguen el trastorno que se expresa en la compulsión a comer y vomitar y a infligirse torturas, podemos pasar a la descripción del tratamiento específico para dicha patología desarrollado y experimentado por los dos autores, en primer lugar de forma independiente, como ya se ha aclarado, y luego de forma conjunta.

Como ya hemos anticipado, trataremos no solo de la pura «técnica», es decir, de las estrategias y estratagemas terapéuticas que componen la secuencia del protocolo terapéutico, sino también de las formas comunicativas más adecuadas en terapia con esta tipología de pacientes indudablemente difíciles, intimidatorios, a menudo provocadores o, por el contrario, seductores; en cualquier caso, muy resistentes al cambio. Además, se destacará la modalidad específica para construir con ellos la relación terapéutica, que exige una capacidad de «danzar» entre la intimidad y la distancia, la calidez y la frialdad, con objeto de gestionar la ambivalencia relacional que esta casuística de sujetos presenta habitualmente.

El modelo de intervención se expondrá de forma secuencial, esto es, partiendo de la primera entrevista con los pacientes, para avanzar luego fase por fase hasta el término de la terapia y de los tres *follow-up* separados en el tiempo, que en estos casos son parte integrante del recorrido terapéutico.

En este capítulo se expondrán las técnicas desarrolladas por los autores, a fin de destacar las diferencias, las similitudes y la posible integración. De hecho, mientras que la terapia breve estratégica está centrada en la transformación de la percepción de la realidad de los pacientes a través de estrategias y estratagemas dirigidas directamente a la autodestrucción del problema, la terapia breve basada en los puntos fuertes se orienta sobre todo a lograr que emerjan los recursos que están presentes en el sistema familiar y en cada una de las individualidades, con objeto de eliminar el trastorno a través de la amplificación de lo que ya funciona.

Ambos métodos han llevado a elaborar numerosas técnicas terapéuticas que pueden ser incluso integradas eficazmente porque, aunque son diferentes, se basan en la misma teoría y en especial en la idea de que todo sujeto es artífice de su propia realidad y, por consiguiente, del mismo modo que puede dejarse atrapar por un problema, también puede encontrar su solución.

Como escribe Sartre, «no siempre hacemos lo que queremos, pero en cualquier caso somos responsables de lo que somos».

2. Soluciones adaptadas al problema

Por Giorgio Nardone

2.1. Primera sesión: el diálogo estratégico

Como ya hemos destacado anteriormente, todo contacto que se produce en el proceso psicoterapéutico ha de considerarse capaz de influir en el resultado del tratamiento: como es imposible no comunicar, también es imposible no influir (Watzlawick *et al.*, 1995; Sirigatti *et al.*, 2008).

Este aspecto cobra una importancia especial en el *setting* terapéutico, al que el paciente acude ya con ciertas expectativas; el hecho de que estas sean positivas o negativas no tiene importancia, puesto que cualquier mínimo acto comunicativo, relacional o más estrictamente técnico, provocará un proceso de influencia.

Partiendo de este supuesto, Nardone y sus colaboradores han elaborado en el último decenio una técnica para el desarrollo de la primera sesión que permite convertirla en un proceso de investigación-intervención en el sentido lewiniano (Lewin, 1946), es decir, en una modalidad de investigación estructurada pero al mismo tiempo adaptable y flexible, que paralelamente induce en el sujeto cambios tanto en el modo de percibir el problema presentado como en las modalidades de gestionarlo.

En otras palabras, tal como veremos a través de los ejemplos, utilizando una modalidad especial de plantear *preguntas estratégicas* en una secuencia en espiral, seguidas de la puntualización de las respuestas obtenidas a través de una serie de progresivas *paráfrasis reestructurantes*, el terapeuta induce a la persona a asumir distintas perspectivas acerca de sí misma y de su problema.

El uso combinado de lenguaje lógico y analógico y de modalidades evocadoras sirve para inducir al paciente a sentir y a comprender de forma distinta su propio problema y sus propias reacciones, hasta conducirlo a la superación de las resistencias y a la creación de la alianza terapéutica.

Por consiguiente, la técnica del diálogo estratégico (Nardone, Salvini, 2011*b*) a través de la secuencia de preguntas y paráfrasis permite al paciente descubrir cómo funciona su problema y cómo resolverlo, partiendo de las respuestas que él mismo da a las preguntas del terapeuta.

Al acuerdo que expresa el paciente a las paráfrasis que resumen el sentido de sus respuestas, junto a la descripción puramente formal, se añade un efecto sugestivo que acentúa su valor emocional, estableciendo así un fuerte contacto relacional, caracterizado por un confiado afán de colaboración. Actuando de este modo, en el transcurso del diálogo estratégico se instaura una espiral de acuerdos sucesivos entre paciente y terapeuta, hasta llegar, como consecuencia de una serie de descubrimientos conjuntos referentes al trastorno y a las modalidades que permiten salir de él, al acuerdo final relativo a las estrategias para el cambio.

Para aclarar este procedimiento que atribuye a la primera sesión un carácter no solo diagnóstico, sino también terapéutico, presentaremos ahora un ejemplo.

Por lo general, un porcentaje considerable de estos casos llega a terapia de manera forzada por la familia o por el cónyuge. Esta circunstancia hay que averiguarla desde el principio, para evitar la resistencia del paciente desde el primer coloquio clínico.

Por tanto, tras la pregunta inicial: «¿Cuál es el problema que te trae a la terapia o cuáles son los objetivos que te han inducido a pedir la intervención terapéutica?», la segunda pregunta que hay que plantear es: «¿Has venido por voluntad propia o te ha forzado tu familia?».

Si la respuesta es: «Estoy aquí por voluntad propia», nos encontramos frente a un sujeto que probablemente no boicoteará la terapia.

En cambio, si la respuesta es: «He sido forzado», probablemente el paciente tratará enseguida de dificultar nuestro trabajo. Por esta razón, antes de seguir avanzando será necesario utilizar una estratagema para transformar esa resistencia en colaboración. Por lo general, se comenta: «Mira, no tengo ninguna intención de perder mi tiempo con quien cree que no necesita mi ayuda. Sin embargo, a ti te han traído aquí: podemos decidir si interrumpimos inmediatamente esta entrevista o si quieres explorar la posibilidad de que pueda ayudarte de algún modo».

Esa modalidad, que en términos de pragmática de la comunicación puede definirse como un doble vínculo comunicativo, está basada en la ambivalencia expresa entre rechazo y deseo de contacto manifestados simultáneamente, dejando no obstante al paciente la decisión de interrumpir de inmediato la entrevista o conceder la posibilidad del contacto.

Esta estratagema resulta extraordinariamente eficaz, hasta el punto de que la mayoría de las veces incluso los sujetos más duros se ablandan y aceptan iniciar el coloquio.

En la mínima parte de los casos que declaran que quieren cortar de inmediato el contacto terapéutico se puede iniciar la actividad clínica excluyendo a los sujetos de la terapia y trabajando de forma indirecta con las familias. Esta modalidad es más frecuente con pacientes adolescentes, y es curioso subrayar que en estos casos, cuando el terapeuta acepta el rechazo y empieza a hablar con los padres, los pacientes deciden permanecer en el despacho y casi todos, al cabo de un rato, intervienen en la conversación.

De nuevo se ha obtenido el resultado utilizando, en este caso, una técnica indirecta.

Tras haber obtenido la posibilidad de establecer un diálogo directo con la persona que presenta el problema, se plantea una serie de preguntas estratégicas formalizadas para quien está afectado por la patología de la que estamos hablando.

Como podrá observar el lector, las preguntas están construidas de modo que ofrezcan dos alternativas de respuesta centradas en los mecanismos de persistencia del problema, en los intentos fallidos de controlarlo y en sus posibles soluciones. A través de la continua adaptación al *feedback* proporcionado por el paciente, este es inducido a descubrir las posibles formas de salir de la trampa patológica en la que ha quedado atrapado.

Puesto que la mayoría de nuestros pacientes se presenta con el diagnóstico de bulimia nerviosa, la primera pregunta es: «¿Qué entiendes por bulimia? ¿Atracarte y atracarte sin control o atracarte y después vomitar?».

Si el paciente responde: «Comer y vomitar», entonces se preguntará: «¿Los atracones y el vómito ocurren como algo que decides hacer deliberadamente o son producto del hecho de que comes intentado contenerte y luego pierdes el control?».

Esta pregunta es muy importante porque está destinada a distinguir si el paciente ha llegado a la ritualidad compulsiva como un placer que busca deliberadamente, o si se trata de una compulsión que no logra evitar. Es evidente que, según cuál sea la respuesta, el diálogo estratégico tendrá una orientación diferente y la terapia también tendrá variantes peculiares.

Examinemos la opción en que el paciente responde: «Antes comía intentando contenerme, perdía el control y luego vomitaba para evitar los daños producidos por el atracón en mi cuerpo, pero en los últimos tiempos soy yo quien organiza los atracones y el posterior vómito», entonces se planteará la tercera pregunta: «¿Este ritual que organizas lo haces para castigarte y hacerte daño o es algo que haces por puro placer?».

Si el paciente ya ha llegado a construir deliberadamente el ritual de comer y vomitar, la respuesta será inevitablemente «por puro placer». Es posible que algunos pacientes, movidos por la vergüenza, aleguen la excusa del autocastigo, pero si se investiga más a fondo acaban declarando que el ritual representa una forma extrema de placer autoinducido.

Tras haber planteado estas preguntas, es necesario resumir en forma de paráfrasis lo que se ha comprendido, con la intención de buscar el acuerdo con el paciente sobre la definición previa del problema, acuerdo que anticipa el establecimiento de una buena alianza.

Para que la persona no se sienta nunca forzada en alguna dirección concreta, conviene que la paráfrasis reestructurante comience delegando en el paciente el juicio sobre la validez de la interpretación: «Corrígeme si me equivoco, el problema que te ha traído hasta aquí es, por tanto, tu compulsión irrefrenable a comer y vomitar, que si antes era una especie de pérdida de control, se ha convertido ahora en un ritual deseado claramente placentero, que organizas en todos sus detalles», y si el paciente se muestra reacio a la terapia, añadiremos: «Estoy convencido de que no quieres prescindir de ello».

Si obtenemos una respuesta afirmativa del tipo «sí» o «exactamente así», seguiremos con el segundo bloque de preguntas estratégicas específicas; en caso de que la respuesta sea negativa, deberemos comenzar de nuevo con las preguntas hasta llegar, mediante las sucesivas paráfrasis que resumen las respuestas, a un acuerdo.

Por supuesto, la paráfrasis también sirve para comprobar si la dirección emprendida es adecuada o no. La confirmación por parte del paciente producirá el efecto de hacer que sienta que es él quien posee la vara de mando, aumentado así su colaboración.

Al llegar a este punto del coloquio indagaremos por las características concretas del trastorno: «¿El ritual placentero que organizas y pones en práctica es cotidiano o se produce más esporádicamente?».

Si el caso es realmente grave, por lo general cuando la patología está estructurada desde hace tiempo, la respuesta será: «Diariamente y varias veces».

A fin de aclarar el funcionamiento concreto preguntaremos: «¿Es algo que realizas a las horas de comer o también fuera del horario de las comidas habituales?».

La mayoría de los pacientes declaran que al principio lo hacían a la hora de las comidas, para convertirse luego en algo que ellos mismos construyen y controlan en otros horarios, saltándose o controlando de forma claramente restrictiva las comidas tradicionales.

Para poner de relieve el tipo de implicación familiar en el problema, preguntaremos luego: «¿Lo haces todo tú solo o haces que te procuren la comida tus padres (o tu pareja)?». La respuesta difiere según la edad y la situación del paciente. Si no es autónomo e independiente, como en el caso de un adolescente o en el caso de quien, víctima del trastorno desde hace muchos años, no ha logrado ser independiente, habitualmente es la familia la que, resignada ya, se encarga de procurarle la comida. En cambio, cuando la persona es autónoma, ella misma se prepara el atracón.

Al terminar esta serie de preguntas, es útil proponer una segunda paráfrasis reestructurante. Es importante subrayar que las paráfrasis del diálogo estratégico siempre parten del principio: como veremos, la repetición de la secuencia de respuestas reorganizada en la paráfrasis desarrolla un importante papel sugestivo y persuasivo. De modo que parafrasearemos: «De acuerdo, si no he entendido mal, el problema que te ha traído hasta aquí es la compulsión incontenible a comer y a vomitar, que con el tiempo se ha convertido en una forma de placer tan importante para ti que ha invadido tu vida, de modo que por lo general o te saltas las comidas o comes poquísimo para entregarte luego al ritual tan irresistible de comer y vomitar. Tus familiares al principio mostraron su oposición, luego se resignaron y te procuran la comida».

Al llegar a este punto, se añade a la paráfrasis una imagen fuertemente evocadora: «Sería como decir que te has creado un maravilloso amante secreto con el que organizas los encuentros del mejor modo posible para obtener el máximo placer en cada ocasión. Y, como un joven enamorado, te excitas con tus fantasías anticipatorias pensando en el momento del encuentro y luego, cuando se produce, te abandonas hasta dejarte arrastrar por el placer».

Si el paciente confirma lo que se ha resumido y evocado, podremos decir que se ha establecido un importante contacto terapéutico, en el que el paciente siente que ha encontrado a alguien que comprende exactamente lo que está viviendo. En este sentido, a menudo los pacientes afirman: «Por fin hay alguien que me entiende... todos los otros doctores intentaban hacerme comprender que comer y vomitar era un acto autodestructivo y pretendían encontrar en mi vida un motivo por el que tuviera que castigarme».

Este momento tiene una importancia capital para el buen resultado de la terapia, porque si el paciente no percibe que se ha comprendido su propia percepción y se ha aceptado la consiguiente reacción, difícilmente se implicará plenamente en el proceso terapéutico, y aumentará además la probabilidad de que el clínico utilice estrategias poco adecuadas.

Aunque solo aparece en una minoría de los casos, no debemos ignorar la posibilidad de que en el transcurso de la primera entrevista el hecho de comer y vomitar aparezcan con un valor más sedativo que placentero. Esta posibilidad por lo general está vinculada a hechos o situaciones dolorosas de la vida del paciente, y ha de ser expuesta y elaborada, además de convertirse en el foco de la posterior intervención terapéutica.

En el caso de la situación habitual en que comer y vomitar es una práctica de placer autoinducido, avanzaremos en la investigación explorando si el trastorno alimentario es la única compulsión irrefrenable o si el paciente desarrolla otras: «Permíteme que te haga una pregunta un poquitín indiscreta... ¿comer y vomitar es tu único "amante secreto" o hay otros? Dicho de otro modo, ¿es tu única compulsión irrefrenable o hay otras que te resultan irresistibles y que no puedes evitar?».

Si el paciente afirma que comer y vomitar es su única compulsión, continuaremos con la siguiente fase del diálogo estratégico estructurado para este trastorno. En cambio, si aparecen otras compulsiones, deberemos analizar la estructura, exactamente como hemos hecho con el *vomiting*.

Desde un punto de vista estadístico, como ya se ha dicho, más de las dos terceras partes de estos pacientes unen al trastorno alimentario la compulsión a infligirse torturas placenteras. En ese caso, investigaremos la naturaleza de los actos autolesivos, intentando que emerja claramente la función sedante, anestésica o puramente placentera. Según la función que desempeña el síntoma compulsivo, la investigación sufrirá adaptaciones tanto en la selección de las preguntas y de las paráfrasis, como en las posteriores sugerencias terapéuticas.

Es oportuno recordar que en la mayoría de los casos en los que *vomiting* y autolesión están asociados, este último aspecto sintomatológico copia la función del primero. De modo que, si comer y vomitar se ha convertido en una pura búsqueda de placer, también lo serán las torturas autoinducidas; en cambio, si tiene un papel sedante, la autolesión reproducirá su función.

Al llegar a este punto habremos concluido la primera fase importante de la entrevista semiestructurada correspondiente a la primera sesión, en el que se define el problema. Lo fundamental ahora es acordar con el paciente los objetivos terapéuticos. Si este acuerdo es importante en cualquier tipo de patología, resulta crucial con estos pacientes, puesto que incluso los más dispuestos a colaborar tienen dificultades para abandonar algo a lo que están tan profundamente ligados.

De nuevo utilizaremos preguntas estratégicas que crean una auténtica ilusión de alternativa de respuesta.

Primera pregunta con ilusión de alternativa: «Antes de continuar, querría hacerte una pregunta algo directa, si me lo permites... Teniendo en cuenta todo lo que hemos dicho hasta aquí, ¿crees que tu amante secreto te ha dado y te da más que lo que te ha quitado y te quita?».

La pregunta conduce claramente a la segunda alternativa.

Segunda pregunta con ilusión de alternativa: «Si es más lo que te ha quitado o te quita que lo que te ha dado o te da, si la situación sigue siendo la misma, ¿tu vida podrá mejorar o empeorar?».

De nuevo la pregunta vehicula la segunda respuesta.

Tercera pregunta con ilusión de alternativa: «Si tu problema te ha quitado más de lo que ha dado y, si se mantiene, solo puede hacer empeorar tu vida, aunque sea costoso y doloroso, ¿qué te conviene hacer: mantenerlo o tratar de eliminarlo?».

Por lo general, gracias a estas tres preguntas y a las ilusiones de alternativa de respuesta conseguimos acordar con el paciente su participación activa en el proceso de cambio destinado a conseguir el objetivo de la eliminación del trastorno.[1]

Una vez concluida esta segunda fase, volvemos a la situación vital del paciente, en la que profundizaremos con preguntas abiertas para averiguar si estudia o trabaja, si vive en familia o solo, si es soltero o si tiene una relación afectiva o conyugal, y cuáles son, además del trastorno, sus actividades diarias habituales; reuniremos así todos los datos que puedan contribuir a la comprensión del problema y al desarrollo de las soluciones adecuadas.

1. El lector interesado en los procedimientos lógicos aparentemente irracionales pero basados en lógicas no ordinarias verá claramente que la estructura de esta técnica es la misma de la «apuesta» de Blaise Pascal, quien afirma: «Entre creer y no creer en la existencia de Dios y en el Más allá es mucho más conveniente creer, porque si el Más allá no existe solo habrás perdido la apuesta; pero si existe y tú no lo has creído, habrás perdido la vida eterna».

Investigaremos luego los intentos fallidos de resolver el problema, tratando de hallar la posible presencia de excepciones positivas.[2] Esa investigación es muy útil, porque revela el proceso evolutivo del trastorno desde la perspectiva de las soluciones intentadas disfuncionales, que por lo general son o bien intentos de familiares o cónyuges, o bien fracasos terapéuticos anteriores, cosa que nos permite evitar incurrir en errores ya cometidos en el pasado.

En caso de que surjan soluciones intentadas que funcionaron en el pasado durante un cierto tiempo, se puede tratar de comprobar si son reproducibles en el presente, en un intento de poner de relieve los recursos de que ya dispone el sujeto.

Una vez concluida esta fase de recogida de datos referentes al historial médico y a otras áreas de la vida de la persona, y con objeto de pasar del diálogo al descubrimiento de soluciones terapéuticas, es fundamental resumir todo lo que se ha obtenido hasta aquí en una especie de superparáfrasis, utilizando un lenguaje lógico y analógico. Esa superparáfrasis deberá concluirse con la parte relativa a los objetivos terapéuticos acordados, haciendo hincapié sobre todo en la idea de que, por muy agradable y satisfactorio que pueda ser el ritual de comer y vomitar, al penetrar en la vida de la persona y devorar literalmente partes importantes de su realización personal ha quitado mucho más de lo que ha dado, y por tanto la terapia, por dolorosa y costosa que sea, podrá ofrecer mucho más de lo que podría quitar.

Normalmente, esta extensa y elaborada narración del proceso y de las suposiciones que han aparecido durante el coloquio es aceptada plenamente por el paciente, puesto que ya ha manifestado su acuerdo a todas las fases anteriores.

Este acuerdo final, además de desempeñar una función cognitiva, crea sobre todo un contacto emocional y relacional y autoriza la realización del cambio de perspectiva respecto al problema y la aceptación de una intervención orientada a acabar con él. Además, si en ese proceso el terapeuta ha logrado sintonizar[3] con las sensaciones

2. Técnica tomada del Solution Oriented Intervention de Steve Shazer.

3. Se entiende por «sintonización» la aproximación relacional al paciente que se consigue mediante las técnicas terapéuticas más adecuadas para el cambio

del paciente y hacerle descubrir nuevos puntos de vista, el clínico será percibido como alguien en quien se puede confiar como experto y como persona.

Si todas las fases del diálogo estratégico se han realizado correctamente, la primera sesión acabará con la aparente negociación de la primera indicación terapéutica: «Como ya te he indicado, para conseguir eliminar el trastorno, tendremos que hacer cosas cuya realización no será en absoluto agradable ni fácil, ya que, como puedes comprender, solo es posible prescindir de un amante secreto tan seductor e irresistible si se reduce el impacto placentero, o bien tendremos que tratar de transformar el deseo en aversión, el placer en disgusto. Para ello te sugiero que hagas este experimento: cada vez que sientas el deseo irresistible de comer y vomitar podrás complacerlo comiendo y comiendo hasta que te sientas lleno y con ganas de arrojar todo lo que te has tragado… entonces te detendrás y esperarás una hora… y exactamente una hora después, sin beber ni comer nada más, correrás a vomitar… sé que será muy fatigoso y poco agradable, pero es el primer paso importante para tomar las riendas de la situación y convertirte en la persona que posee el poder del amante y no en la que es víctima de su irresistible fascinación».

La mayoría de los pacientes acepta hacer el experimento, mientras que con la minoría que se niega habrá que adoptar una estrategia distinta que explicitaremos más adelante.

Respecto a la posible presencia de actos autolesivos, como en la historia de Giorgia, se evita intervenir directamente en la primera sesión, porque es frecuente que si se elimina la compulsión a comer y vomitar, la otra, por una especie de efecto dominó, se reducirá o se suprimirá. Por consiguiente, remitimos la intervención sobre las autolesiones a otras fases de la terapia.

Como ya habrá advertido el lector, un primer coloquio clínico estructurado de este modo representa ya un acto terapéutico importante y no simplemente una investigación diagnóstica.

---

estratégico. Para ello hay que recurrir a la utilización de modalidades comunicativas verbales y no verbales complementarias a las del paciente, o bien simétricas (Nardone *et al.*, 2008).

Gráfico resumen de la secuencia del diálogo estratégico[4]

Problema

comer y vomitar

Pregunta estratégica discriminante

Pregunta estratégica discriminante

Pregunta estratégica discriminante

PARÁFRASIS RESUMEN

Pregunta estratégicamente orientada

Pregunta estratégicamente orientada

Pregunta estratégicamente orientada

PARÁFRASIS RESUMEN CON IMAGEN EVOCADORA

Pregunta estratégicamente orientada

Pregunta con ilusión de alternativa de respuesta

Pregunta con ilusión de alternativa de respuesta

Pregunta con ilusión de alternativa de respuesta

Preguntas abiertas sobre funcionamiento relacional, social, laboral

Preguntas sobre soluciones intentadas y excepciones positivas

HIPERPARÁFRASIS RESUMEN CON IMÁGENES EVOCADORAS

PRESCRIBIR COMO DESCUBRIMIENTO CONJUNTO DE LO QUE HARÁ CAMBIAR

⇓

SOLUCIÓN

4. Las *preguntas estratégicas discriminantes* se utilizan al principio de la evaluación con el objetivo de distinguir el itinerario diagnóstico que hay que seguir; las *preguntas estratégicamente orientadas* se utilizan con el objetivo de explorar áreas de interés clínico; las *preguntas con ilusión de alternativa de respuesta* se utilizan con el objetivo de encaminar la respuesta.

Ejemplo: conductas autolesivas con efectos sedantes

Para aclarar mejor la estructura y funcionamiento del diálogo aplicado a la bulimia nerviosa asociada a actos autolesivos, analizaremos ahora un caso real en el que la paciente presenta el problema de causarse heridas intencionadamente con una finalidad más sedativa que agradable.

Primer bloque de preguntas y paráfrasis: definición del problema

1.ª pregunta. T: ¿Cuál es el motivo de su visita o qué querría obtener de mí?

P: Querría dejar de destrozarme el cuerpo como vengo haciendo desde hace tiempo… me rasco hasta desollarme… hasta que veo cómo corre la sangre…

2.ª pregunta. T: ¿Lo haces sistemáticamente todos los días o solo algunas veces durante la semana?

P: Depende, a veces, cuando me siento realmente mal, varias veces al día, en el sentido de que me rasco una parte hasta sangrar, luego paso a otra y así sucesivamente hasta que mi cabeza deja de pensar, porque solo siento el dolor y el escozor de las heridas. Otras veces estoy varios días sin hacerlo, cuando estoy agobiada por otras cosas que me preocupan…

3.ª pregunta. T: ¿Te arañas solo con las uñas o utilizas algún otro instrumento?

P: Casi siempre me rasco hasta desollarme, algunas veces he utilizado pinzas para depilar, pero me gusta más sentir con las uñas la carne que estoy arañando…

Al llegar a este punto, para crear un contacto relacional y comprobar la comprensión, se busca el primer acuerdo sobre la definición del problema mediante la *1.ª paráfrasis*.

T: De acuerdo, si lo he entendido bien… has venido porque quieres resolver un problema que te atormenta desde hace tiempo… y este problema es que a menudo te rascas hasta desollarte… y esto sucede cuando te sientes mal, y cuanto peor te sientes más ganas tienes de hacerlo y prolongarlo hasta nublar cualquier pensamiento o imagen mental que te hace sufrir, porque te absorben las sensaciones de dolor y de picazón de las heridas que te has causado con las uñas sobre tu carne… en ocasiones lo haces varias veces al día, pero si estás preocupada por las cosas que estás haciendo no sientes la necesidad de torturarte.

1.er acuerdo creado. P: ¡Sí, exactamente así! Cuanto peor estoy, más lo hago, es como si quisiera bloquear la mente y los pensamientos que me hacen sufrir.

4.ª pregunta. T: ¿Los pensamientos o las imágenes que te hacen sufrir y que logras inhibir gracias a las torturas y al efecto sedante momentáneo son siempre los mismos o cambian?

P: Más o menos siempre son los mismos… no me resigno a aceptar lo que ha sucedido… mi compañero, con el que iba a casarme… he descubierto *(comienza a llorar)* que tenía una historia paralela con su ex… cuando le pedí que eligiera entre ella y yo, la eligió a ella… no consigo olvidar las imágenes de nosotros dos tan felices… luego su frialdad al abandonarme y desaparecer… lo odio por lo que me ha hecho, pero lo querría tener de nuevo porque lo echo mucho de menos. Cuando siento este dolor o me rasco hasta no sentir nada más o como hasta hartarme, luego me siento mal y acabo vomitando.

Teniendo en cuenta el potente contexto emocional, es preciso recurrir a una paráfrasis destinada a hacerle sentir la proximidad y el contacto emocional, además de transmitirle una especie de justificación del trastorno como elemento compensador de su profundo dolor de pérdida.

2.ª paráfrasis. T: Hummm… un dolor físico que sirve para aliviar un dolor emocional… parece que empezaste a infligirte torturas y sigues haciéndolo para anestesiar tu profundo dolor por la pérdida de tu compañero y por la ruptura de tu proyecto de vida junto a él. Desollarte y hartarte para vomitar después te sirve para aliviar un dolor demasiado profundo que te invade y del que intentas desesperadamente huir, un abandono amoroso como el tuyo, con sus efectos devastadores, es incluso peor que un luto, porque no logras encontrar un motivo… porque no hay un motivo racional. Tu dolor es palpable y desgraciadamente no existe una medicina milagrosa para este tipo de dolor.

2.º acuerdo establecido. P: *(llorando)* Exactamente así, trato de huir de los pensamientos y de los recuerdos procurándome una especie de refugio, pero desgraciadamente solo funciona en aquel momento… luego vuelve la desesperación y el dolor no me abandona.

Refuerzo del acuerdo y paráfrasis reestructurante. T: Ciertamente, lo que has decidido hacer funciona realmente bien en el momento en que lo haces, porque las sensaciones que proceden de tu cuerpo herido son tan fuertes en la inmediatez que tienen el poder de distraerte de tu desesperación y de tu dolor, pero cuando el efecto se atenúa y cesa, el dolor afectivo emocional sigue ahí esperándote, dispuesto a infligirte heridas mucho más profundas y dolorosas.

3.er acuerdo obtenido con efecto reestructurante. P: Es exactamente así, en un primer momento se mitiga la desesperación, pero luego vuelve más fuerte que antes.

1.ª pregunta con ilusión de alternativa de respuesta. T: Por tanto, lo que has hecho y estás haciendo para aliviar un dolor que solo puede decantar lentamente ¿funciona realmente o es tan solo algo que produce un fuerte alivio momentáneo y un posterior empeoramiento del dolor?

P: Ahora veo claro que mis torturas, aunque me han ayudado a sedar momentáneamente el dolor, no solo no me han permitido reducirlo, sino que tal vez incluso lo han aumentado.

Imagen evocadora. T: Mira, es como el que tiene una herida profunda en la que sigue hurgando sin dejar que cicatrice… cualquier herida, incluso las afectivas y emocionales, para poder cicatrizar en primer lugar solo ha de ser desinfectada, y luego hay que dejar que siga su proceso natural de cicatrización. Si se la cura demasiadas veces se ralentiza la curación.

P: En cambio yo he seguido hurgando en la herida y desollándome...

Es evidente que en un caso como este, en el que el trastorno desempeña una función anestésica para un dolor originado por una experiencia devastadora, en la primera sesión hay que centrarse en la creación de un fuerte contacto emocional, creando una atmósfera mucho más cargada de *pathos* que en un caso en que la patología desempeñe una función de placer transgresor, en el que la relación ha de basarse sobre todo en la ambivalencia y en la seducción.

A continuación, gracias a las preguntas que inducen las respuestas, haremos que la persona descubra que esa función del trastorno lo que hace es alimentar el problema en vez de disminuirlo, empezando así a crear una sensación de aversión a lo que hasta entonces se percibía como algo útil.

2.ª pregunta con ilusión de alternativa de respuesta. T: Según lo que hemos analizado juntos hasta aquí, si la situación siguiera como hasta ahora, ¿tu dolor y tu desesperación podrán aliviarse o simplemente se mantendrán y alimentarán con el tiempo?

P: Ahora veo con toda claridad que si quiero permitirme a mí misma salir de mi infierno, antes debo acabar con estas cosas que no me ayudan, sino que me perjudican y hacen que me mantenga en este estado de ansiedad.

Ampliando la investigación a la situación vital de la paciente y a sus actuales relaciones interpersonales, surgió una historia familiar más bien atormentada y tortuosa. Cuenta la paciente que es hija única de unos padres en constante crisis pero incapaces de separarse. Más exactamente, el padre, un rico empresario, era objeto de continuos rechazos y engaños por parte de su mujer, y se lamentaba desesperado ante su hija adolescente aunque declarando que era incapaz de dejar a su mujer. La madre, por su parte, siempre mostró desinterés por la hija y ambas desarrollaron una relación de auténtica hostilidad mutua.

Como es fácil entender, nuestra paciente desempeñó el papel de consoladora de un padre víctima/artífice de una relación matrimonial disfuncional.

Cuenta también que unos años atrás había padecido anorexia. El psicoterapeuta que la trataba la había animado a independizarse de la familia y se había ido a vivir sola, aunque manteniendo el puesto en la empresa del padre, donde había conocido al excompañero con el que tuvo su primera experiencia amorosa.

Sobre la base de la estructura del diálogo estratégico, se avanza *resumiendo* desde el principio todos los contenidos del diálogo, en este caso con una secuencialidad temporal que ponga en evidencia cómo, debido a una dinámica familiar muy complicada, la paciente desarrolló la exigencia de crearse un mundo afectivo de pareja y de familia futura opuesto a aquel en el que había crecido. Habiendo encontrado a la persona que le parecía idónea para lograr ese objetivo, era comprensible que se entregara de lleno a esa relación, infravalorando probablemente todos los signos que le deberían haber revelado la doblez y la deslealtad del compañero. Le hacemos observar además que es muy probable que en la adolescencia ya hubiera desarrollado espontáneamente una forma de escape patológica para mitigar su dolor afectivo y la dificultad para controlar el papel de víctima entre los padres; una forma de escape que, si al principio parecía aparentemente anulada, luego evolucionó hacia la compulsión de hartarse y vomitar. Le proponemos de nuevo lo que ha descubierto, es decir que las torturas servían para calmar momentáneamente el dolor tras la destrucción de la imagen de su compañero. Destacamos, por último, a través de la redundancia, el funcionamiento del problema que ha aparecido en la sesión y las imágenes evocadoras destinadas a provocar en ella la reacción de aversión al modo disfuncional de controlar su situación personal.

El objetivo de todo esto es aprobar el paso, en la secuencia del diálogo estratégico, de la fase exploratoria a la de intervención directa en el problema.

Tras haber creado la necesidad ineludible del cambio, se acuerdan con la paciente una serie de acciones terapéuticas que hay que realizar, orientadas tanto a la supresión del trastorno como al alivio del dolor por la pérdida.

Indicaciones terapéuticas. T: Tal como hemos visto juntos, tu dolor puede decantar solo, sin embargo, podemos acelerar ese proceso natural; ahora bien, para lograrlo, como dice el poeta Robert Frost, «si quieres salir, has de pasar por el medio». Permíteme sugerirte que te procures papel de escribir y que todas las noches, cuando estés sola, le escribas una carta a tu ex en la que pondrás todo lo bueno y lo malo que quieras decirle... escribe todo lo que se te ocurra, cuando hayas terminado metes las cartas en un sobre y me las traes en vez de enviárselas a él... Esto será como desinfectar tu herida, será doloroso pero es indispensable si queremos que cicatrice...

> En cuanto a las torturas, cuando sientas el deseo y el impulso de rascarte, ponte delante del espejo del baño, mírate y pregúntate: «¿Quiero mantenerme ligada a él o quiero empezar a emanciparme de él?». Luego, decide si quieres hacerlo o no... Lo mismo te digo cuando tengas ganas de hartarte y vomitar...

Las indicaciones fueron aceptadas rápidamente por la paciente. Después del diálogo estratégico, resulta imposible rechazar una cosa que, por dolorosa que sea, se ha percibido como la única vía de salida de una situación tan desesperada.

La prescripción de escribir al ex es una técnica desarrollada precisamente para los casos en que existe el sufrimiento por abandono (Nardone, Watzlawick, 2005), mientras que el acto de mirarse al espejo tiene la función de reforzar la aversión, creada a lo largo del diálogo estratégico, hacia las dos conductas compulsivas, mediante el procedimiento de «poner delante de los ojos» la idea de que estos comportamientos refuerzan el vínculo con el ex en vez de favorecer su emancipación.

En la siguiente sesión, la paciente declara que se ha librado de la rabia hacia su ex y que al mismo tiempo ha desarrollado rabia y aversión hacia su trastorno, hasta el punto de haberlo eliminado.

En el próximo capítulo expondremos las indicaciones terapéuticas desarrolladas para las variantes de nuestro trastorno.

Lo que nos interesaba ahora era poner de manifiesto cómo, aunque la estructura del diálogo, su secuencia y sus componentes son los mismos, los contenidos, las modalidades relacionales y la utilización de las técnicas se han adaptado, en cambio, a los distintos tipos de trastorno.

Esto demuestra claramente que un modelo estratégico, a diferencia de un enfoque conductual, siempre es adaptable aunque se mantenga rigurosamente estructurado. Es como decir que la estrategia es la misma frente al mismo tipo de problema, pero cambia adaptándose a las peculiaridades de los pacientes, a la originalidad de la expresión del trastorno y a las circunstancias específicas.

Gráfico resumen de la secuencia de este diálogo estratégico

Problema

self-harming → vomiting

Pregunta estratégicamente orientada

Pregunta estratégicamente orientada

Pregunta estratégicamente orientada

PARÁFRASIS RESUMEN

Pregunta estratégicamente orientada

PARÁFRASIS RESUMEN

REESTRUCTURACIÓN

Pregunta con ilusión de alternativa de respuesta

IMAGEN EVOCADORA

Pregunta con ilusión de alternativa de respuesta

PARÁFRASIS RESUMEN CON IMAGEN EVOCADORA

PRESCRIBIR COMO DESCUBRIMIENTO CONJUNTO DE LO QUE HARÁ CAMBIAR

⇓

SOLUCIÓN

2.2. Estrategias y estratagemas terapéuticas desde el final de la primera sesión hasta la quinta sesión

Tras haber expuesto el modelo de coloquio clínico estructurado para la persona que presenta bulimia nerviosa y/o comportamientos autolesivos, es importante describir cuáles son, según el proceso de descubrimiento llevado a cabo, las indicaciones terapéuticas que el paciente deberá poner en práctica en la intervención entre la primera y la segunda sesión, así como las evoluciones posteriores de la técnica específica en caso de resultados positivos y las posibles variantes cuando esta se demuestra ineficaz.

La primera distinción fundamental en la selección de la estrategia terapéutica reside, como ya se ha expuesto, en el hecho de que la compulsión tenga una función sedante o una función de puro placer transgresor: las dos distintas funciones de la sintomatología exigen soluciones terapéuticas diferentes.

Sin embargo, incluso dentro de la misma clase de funcionamiento del problema, existen variantes que requieren prescripciones terapéuticas diferentes. La intervención para quien ha de compensar un dolor provocado por una pérdida es distinta a la intervención dirigida a quien afronta un dolor provocado por un abuso; asimismo, hay que hacer adaptaciones distintas de la misma técnica para los casos de *vomiting* juvenil y para los casos de personas adultas que sufren un trastorno «crónico».

De modo que analizaremos una serie de estrategias y estratagemas desarrolladas y aplicadas con éxito a este tipo de trastorno psíquico y conductual. Ese análisis no pretende ser exhaustivo porque, como expondrá Selekman en el capítulo siguiente, existen muchas otras posibilidades de intervención. Las estrategias terapéuticas que se describen aquí son el fruto de la investigación-intervención llevada a cabo en el CTS de Arezzo sobre los trastornos alimentarios y los trastornos obsesivo-compulsivos.

Bulimia nerviosa/vomiting

En el transcurso de nuestro largo trabajo de investigación aplicada al estudio del tratamiento específico para los casos de trastorno alimentario caracterizados por la compulsión de hartarse y vomitar, la técnica que ha resultado asociada al *outcome* positivo es la que definimos como *prescripción del intervalo*. Esta estrategia está basada empíricamente en la evidencia, en los casos en que la compulsión se caracteriza por un placer irresistible, de la necesidad de transformar el ritual en algo desagradable. Como describen los pacientes, el placer que se siente no es el resultado del acto de comer, sino de la secuencia de *fase de excitación*, cuando el deseo se transforma en activación fisiológica del organismo, y *fase consumatoria*, cuando se come hasta sentirse completamente ahíto, elaborando el deseo de explotar en la *fase de la descarga* representada por el vómito.

Por consiguiente, lo que hace que el ritual sea tan placentero es su secuencia, no cada una de sus partes. Desde esta perspectiva es evidente que, si se interrumpe la secuencia intercalando una pausa entre una fase y la otra, concretamente entre la consumatoria y la de descarga, el funcionamiento y el efecto sobre las sensaciones del sujeto resultan alterados. Si el intervalo es suficientemente amplio, las sensaciones agradables se convierten en desagradables. De hecho, la estrategia prevé primero la prescripción del respeto de un intervalo de una hora, posteriormente de dos horas, para pasar luego a tres horas, hasta la última ampliación del intervalo a cuatro horas. Si conseguimos que el sujeto con bulimia nerviosa/*vomiting* acepte aplicar esta técnica, la eficacia terapéutica está garantizada: en el transcurso de cuatro sesiones, es decir, de uno o dos meses de esa práctica, la percepción del fenómeno se transforma de placer irresistible en un acto desagradable y repulsivo, que es posible controlar y rechazar.

El punto difícil es convencer a los pacientes realmente resistentes al cambio para que pongan en práctica algo que va en contra de sus deseos y de su aparente «estado de gracia».

Como ya hemos aclarado, aunque vale la pena subrayarlo de nuevo, en este caso es fundamental la capacidad comunicativa y relacional del terapeuta. No es casual que nuestro modelo, que en una primera fase era claramente prescriptivo e inyuctivo, según la tradición de la terapia breve estratégica, gracias al trabajo con pacientes muy resistentes ha acabado no siendo directivo sino basado en la idea de guiar al sujeto a descubrir por sí mismo las posibles vías de salida del problema.

Esta ha sido la exigencia que nos ha llevado a elaborar el diálogo estratégico como instrumento de co-creación conjunta del cambio terapéutico. Como sostenía Pascal, «quien se convence por sí mismo, lo hace antes y mejor».

La colaboración del paciente solo se obtiene si el terapeuta logra adaptar su propio estilo comunicativo a las características específicas de cada paciente, de su historia y de su contexto.

La aplicación del diálogo estratégico cambia según la persona que tengamos delante: a una persona adulta habrá que persuadirla personalmente para que siga la indicación, mientras que en el caso de una menor la indicación implicará directamente a los padres, que deberán responsabilizarse de controlar en la práctica la técnica del intervalo. Eso significa que los padres tendrán que estar implicados como elemento fundamental de la terapia, y convertirse en co-terapeutas con la función de hacer que su hijo respete la indicación. Deberán estar presentes no solo en las comidas, sino también después, apoyando al paciente y ayudándolo a cumplir la ingrata tarea de posponer el acto de vomitar. La eficacia de esta técnica la corrobora también el trabajo desarrollado por Grange y Lock (2007), que en su *family based approach*, aplicando como criterio evaluador las modalidades con *apoyo empírico*, destacaron su significatividad tanto en el tratamiento de la bulimia nerviosa como en el de la anorexia nerviosa.

En el caso de que nos encontráramos frente a pacientes reacios a aplicar una técnica tan directamente centrada en el cambio del ritual compulsivo y de su efecto sobre las sensaciones, nos veríamos obligados a utilizar modalidades distintas que produzcan la sensación de interferir menos en el placer de la compulsión. En el capítulo siguiente se indicará una serie de experimentos terapéuticos que no van dirigidos directamente al ritual compulsivo que hay que eliminar.

Si al término de la primera sesión el paciente rechaza la técnica del intervalo, o bien si en la segunda sesión el paciente declara que ha intentado aplicar la técnica pero que después la ha abandonado, se optará por la estrategia del *perfeccionamiento de la búsqueda del placer*. Con esta técnica se suscita en el paciente la duda de si en sus irresistibles encuentros con el «amante secreto» ha alcanzado el máximo placer, o si este puede perfeccionarse aún. «Ah, te gusta mucho comer, pero me parece que te jactas de ser un auténtico transgresor, pero no lo eres realmente. Te diré más, creo que no consigues disfrutar al máximo. Comes al azar, lo que encuentras... Precisamente, como en una relación erótica, ¿no crees que lo más importante es la calidad más que la cantidad? Comes tres, cinco veces al día... pero creo que pocas comidas son realmente satisfactorias. ¿Por qué no seleccionamos juntos cómo se puede hacer mejor, cuáles son los alimentos que te gustan más, cómo prefieres hacerlo, en qué lugar te apetecería más, a qué hora es más agradable, has intentado alguna vez seleccionar? Te propongo un experimento: desde hoy hasta nuestro próximo encuentro, una vez al día intenta comer de la forma más placentera posible, elige el lugar más adecuado, la hora más conveniente, por ejemplo, a medianoche cuando todos duermen, imagina lo hermoso que sería hacerlo a escondidas, con la emoción de pensar que los otros podrían despertarse. Prepara todos los alimentos con los que más te gusta tener tus encuentros "eróticos", selecciona la forma más agradable de comer y luego vomitar, busca lo mejor y disfruta al máximo».

Obrando de este modo sintonizamos con las percepciones del paciente y lo empujamos más allá del actual nivel de placer por medio de la posibilidad del perfeccionamiento. Una vez que se ha llegado a un acuerdo sobre este aspecto, introduciremos el tema del *aplazamiento* como una de las modalidades para aumentar más el placer de la experiencia: «Quisiera darte un consejo personal para hacerlo mejor: piensa que en realidad distribuir el placer en varios episodios durante la jornada significa reducirlo. ¿No crees que una vez que has descubierto cuál es el mejor modo, sería más agradable hacerlo solo una vez, porque de este modo se concentraría el máximo placer?».

Gracias a esta reestructuración estratégica, se consigue que el paciente, que antes se mostraba reacio a cualquier cambio, acepte la idea de que un único episodio diario, en vez de la dispersión en varios episodios, le permitirá obtener el máximo placer. Por lo general, el paciente acepta de buen grado el experimento para comprobar si las cosas son realmente así.

Si se sigue la indicación, la eficacia está garantizada, y en la siguiente sesión la mayoría de los pacientes se muestra muy satisfecha, cosa que nos permite sugerirles cuánto más atractivo sería el ritual si fueran capaces de aplazarlo hasta el día siguiente, puesto que cuanto más se aplaza, más se alimenta el deseo y la intensidad de la experiencia vivida.

Como es fácil entender, utilizando esta lógica se puede aumentar considerablemente el intervalo de tiempo entre un episodio y el siguiente, lo que da lugar a introducir en las conversaciones terapéuticas el tema de la búsqueda de otras formas posibles de placer en la vida. Este tema por lo general es acogido favorablemente por este tipo de pacientes, y los experimentos que van en este sentido se realizan de buen grado.

De este modo no es difícil que los pacientes vivan experiencias importantes en la realidad que los apartan de la compulsión: precisamente porque la compulsión se ha reducido cuantitativamente, deja espacio para otras formas de placer.

Actuando de este modo, a menudo los pacientes se liberan espontáneamente del trastorno, puesto que descubren que en su vida hay otras sensaciones más importantes y placenteras.

En algunos casos, cuando empiezan a saborear los placeres de la vida real, los pacientes piden directamente liberarse del acto de comer y vomitar y, en ese momento, aceptan probar la técnica del intervalo, que antes habían rechazado, con lo que consiguen eliminar el trastorno.

Prescripciones en los casos de comportamientos autolesivos basados en el placer

Cuando de la investigación detallada que se ha llevado a cabo se deduce que la compulsión autolesiva se ha convertido en un ritual basado en el placer, se pueden prescribir, según sus características especiales, formas de contrarritual terapéutico.

Para que el contrarritual sea eficaz, ha de producir el efecto de transformar la percepción del placer en desagrado y el carácter irrefrenable del síntoma en control voluntario. Por ejemplo, a la persona que se arranca los pelos cuando está relajada o no ocupada, y vive la experiencia como «agradable tortura», se le prescribirá que realice voluntariamente el ritual, delante del espejo, cada hora por espacio de tres minutos. Cuando empiece a hacerlo fuera de los horarios establecidos, se le indicará que vaya a cumplir con el ritual delante del espejo.

Esta prescripción, a través de la ritualización en una modalidad planificada y exagerada de la compulsión y la modificación del escenario habitual donde tiene lugar, produce el efecto de transformar el ritual agradable en desagradable, provocando una sensación de aversión frente a lo que antes se percibía como irresistible. Si la indicación produce los efectos deseados, en las sesiones siguientes se procederá a reducir progresivamente el número de los ritos obligatorios y el tiempo empleado en ellos, hasta conseguir que el deber se convierta en una práctica que hay que realizar únicamente en el caso de que la compulsión se presente de nuevo.

Por lo general, gracias a esta técnica, a lo largo de las cinco primeras sesiones se observa la extinción de la conducta patológica, junto con un auténtico cambio en la percepción del fenómeno. Dicho cambio no se basa, por tanto, exclusivamente en el fatigoso control voluntario, sino normalmente en la sensación transformada. Es precisamente el cambio perceptivo el que hace persistente en el tiempo la nueva actitud adquirida, evitando el riesgo, frecuente en los tratamientos conductuales, de recaídas y cambios del síntoma.

Este tipo de intervención terapéutica, con las correspondientes adaptaciones a las situaciones y a las personas, puede aplicarse con éxito a todos los casos de compulsión autolesiva satisfecha, que no sea peligrosa para la integridad física del paciente. Obviamente, habrá que evitarla en aquellos casos en que la ritualización exasperada y paradójica podría provocar serios daños a la persona, por ejemplo, en los casos de compulsión a ponerse lavativas, cuando la conducta originaria del trastorno alimentario se ha convertido luego en un rito de placer, en los casos de compulsión a cortarse con una hoja de afeitar y/o a quemarse con cigarrillos. No obstante, la mayoría de los actos autolesivos menores se prestan a la indicación de esta estrategia terapéutica.

Prescripciones y maniobras terapéuticas en los casos de comportamientos autolesivos sedativos y compensatorios

Cuando en la primera entrevista se ve que el trastorno tiene la función de ayudar al paciente a escapar de un dolor intolerable o a aliviarlo, tanto las maniobras terapéuticas en el propio diálogo estratégico como las prescripciones al final de la sesión serán completamente distintas a los casos de compulsión basada en el placer y, además, se seleccionarán y adaptarán a la forma de sufrimiento específico que provoca el comportamiento autolesivo.

Para eliminar la sintomatología anestésica habrá que reducir o suprimir la fuente del dolor que la hace necesaria. A diferencia del placer que se basa en sí mismo, el dolor está provocado por algo distinto a uno mismo, y por tanto es necesario identificar su origen para poder intervenir.

Las posibles fuentes de dolor insoportable son múltiples: una pérdida, como un luto o un abandono; un abuso sufrido, como un acto de violencia, una violación o maltratos repetidos y prolongados en el tiempo; un profundo sentimiento de culpabilidad; un hecho trágico. Precisamente esta heterogeneidad y diferenciación es lo que hace necesarias estrategias e indicaciones terapéuticas ad hoc para los distintos tipos de dolor.

La larga y laboriosa experiencia de investigación realizada en el CTS de Arezzo sobre las estrategias y las estratagemas terapéuticas para las distintas formas de patología psicológica ha permitido desarrollar modelos rigurosos de intervención de los que obtener maniobras y prescripciones terapéuticas específicas (Nardone, Balbi, 2009). A continuación expondremos las que hemos aplicado con más frecuencia a los casos de bulimia nerviosa y compulsiones autolesivas inducidas por un problema subyacente.

Dolor por pérdida

Las dos formas más frecuentes de sufrimiento por pérdida tienen que ver con personas queridas: una está representada por el luto, como la muerte del cónyuge, de un amigo, de un padre o de un hijo; la otra por la pérdida de la persona amada, por abandono o rechazo. Los dos casos, como se ve fácilmente, son causados por tipos de hechos muy diferentes, aunque el efecto es aparentemente el mismo.

En el primer caso tenemos una desaparición inaceptable e insustituible, que se produce sin embargo a través de un proceso al que todos los seres humanos están predispuestos por naturaleza y que se basa en el sentimiento del luto. En el segundo caso, la pérdida se basa en el rechazo por parte del otro, que, en la mayoría de los casos, ha establecido una relación con otra persona. En este caso la pérdida desencadena habitualmente reacciones ambivalentes, como el deseo de volver a tener a la persona, o bien la rabia por su rechazo o por el hecho de que se haya unido a otra persona, además del odio hacia esta última.

Maniobras terapéuticas y prescripciones para la pérdida por luto

Cuando estamos ante un luto nos enfrentamos a la limitación y a la debilidad intrínsecas del ser humano: su incapacidad para controlar los hechos, el azar y la muerte. La primera técnica terapéutica importante, si es que puede definirse así, estará representada por el acto de «compasión» en el sentido existencial del término, esto es, «estar con». Esto supone relacionarse de una forma cálida, cargada de *pathos*, con el paciente que ha sufrido un luto abriéndole la vía para que fluyan las emociones más intensas, como la desesperación y la sensación de vacío.

Para facilitar esta actuación hemos experimentado hasta qué punto es importante declarar abiertamente que «nadie puede resistirse al dolor por la desaparición de la persona amada y que para este dolor no existe ninguna medicina… el luto se decanta lenta y espontáneamente; si se intenta combatirlo, por ejemplo tratando de distraerse o de resistirse a la desesperación, se ralentiza el proceso... hay que hacer lo posible para que la herida cicatrice».

Desde nuestro punto de vista, esta declaración de carácter existencial es al mismo tiempo una expresión de compasión auténtica y una modalidad terapéutica que indica a la persona que, para atenuar el dolor, es importante ante todo aceptarlo, entrar en él a diario, para favorecer el proceso de cicatrización de la herida. Al acabar la primera entrevista basada en este profundo contacto humano, se sugiere a la persona que se conceda sistemáticamente todos los días un espacio para su «sana desesperación», aislándose y entregándose al dolor arrollador, tocando fondo a diario para volver luego a la superficie.

Por lo general, esta indicación es plenamente aceptada y la persona se concede espacios diarios de «desesperación terapéutica» hasta que, unas semanas más tarde, los sujetos se presentan todavía sufriendo pero ya no trastornados por el dolor. En ese momento, proponemos una técnica desarrollada y formalizada con el objetivo de transformar la pérdida en una presencia nostálgica: se sugiere construir en la mente una serie de cuadros de recuerdos de la persona amada desaparecida, una especie de *galería de recuerdos*, para luego ejercitarse en visitar la galería al menos una vez todas las noches antes de dormir o siempre que uno quiera relajarse, cerrando los ojos y pasando revista a los cuadros de los momentos vividos con la persona amada.

Esta forma de ejercicio mental al principio puede parecer casi cruel, para transformarse luego en una agradable forma de viaje, a través de imágenes que evocan sensaciones nostálgicas y dolorosas. Los pacientes cuentan que, gracias a ese ejercicio repetido, es como si la persona desaparecida siguiera viviendo dentro de ellos.

Hemos experimentado que, en los casos de trastorno alimentario asociado a comportamientos autolesivos como cuadro compensatorio y sedativo de un luto, este tipo de intervención representa en la mayoría de los casos la solución indirecta del trastorno, que de este modo se vuelve innecesario.

Maniobras terapéuticas y prescripciones en el caso de pérdida amorosa

En el caso de que la persona haya sido abandonada y rechazada por alguien a quien ha amado o ama todavía, la postura terapéutica que hay que adoptar al principio es similar a la que se adopta en caso de pérdida por luto, pero con un *pathos* menor. Por lo general resulta útil declarar al paciente: «Un abandono es como un luto, un sufrimiento insoportable, incluso en algunos aspectos peor, porque dentro de ti la persona desaparecida sigue siendo "tuya", y en cambio quien te abandona la mayoría de las veces pertenece a otra persona».

En este caso la compasión expresada a través de esa afirmación contempla no solo el sufrimiento por la pérdida, sino también la rabia y la rivalidad. Estas personas suelen manifestar una alternancia entre la desesperación y la rabia, el deseo de volver a tener a la persona amada y la agresividad que sienten hacia ella, y a menudo manifiestan una clara rivalidad hacia el nuevo compañero del ex.

Al final de la sesión, utilizada para hacer emerger y sacar a la luz emociones encontradas, se prescribe, como ya hemos ejemplificado en el apartado anterior, escribir una carta todos los días, en la que hay que exponer todo lo malo o lo bueno que el paciente querría poder decir al excompañero, y al mismo tiempo se conmina a cortar cualquier tipo de contacto con él/ella. Esta prescripción permite por una parte hacer que confluyan y fluyan las emociones intensas canalizándolas en el epistolario y, por la otra, se pretende bloquear la habitual solución fallida de seguir al exnovio/a, evitando de este modo un rechazo más dramático todavía.

Muchas veces, estas dos indicaciones se mantienen durante algunas sesiones, hasta que el paciente manifiesta que ya no siente necesidad de escribir. En relación con la evitación de los intentos de contacto con la expareja, las evoluciones posibles son dos: o la persona encuentra la paz y dirige su atención a otras cosas, o bien la expareja, que ya no se siente acosada, lo reconsidera y expresa su intención de reanudar la relación. Sin embargo, esta segunda posibilidad se produce normalmente pasados unos meses, un período en el que muchas veces la persona abandonada ha rehecho su vida, reconstruyéndola sobre los escombros de la relación anterior.

En conclusión, también en este caso las conductas autolesivas, así como los atracones seguidos de vómito, que tenían una función mitigadora del dolor ocasionado por la pérdida, tienden a reducirse o a anularse sin necesidad de ninguna intervención directa.

Dolor por una violencia sufrida

Aunque la frecuencia de los trastornos alimentarios asociados a autolesión causados por una forma de abuso, como una violencia sexual o maltratos físicos/psicológicos, no es significativa hasta el punto de poder ser considerada, desde una perspectiva determinista, la causa fundamental del trastorno, esa posibilidad no debe ser infravalorada, porque representa una categoría importante de este cuadro patológico, y orienta de forma específica su tratamiento.

Los pacientes que construyen una forma disfuncional de mitigación del sufrimiento producido por un abuso, según la perspectiva de la solución del problema, pueden ser clasificados en: quienes declaran inmediatamente lo que les ha ocurrido demostrando estar angustiados y ser víctimas; quienes, pese a explicar lo que les ha ocurrido, hablan de ello con ostensible distanciamiento, como si no les hubiera afectado; y finalmente quienes ocultan, disimulan o han apartado totalmente el hecho o la serie de maltratos sufridos, y que a menudo se muestran transgresores y provocadores, cínicos y duros frente a la vida, haciendo ostentación de una fuerza que se basa en la defensa de su fragilidad.

Es evidente que estas diferentes tipologías requieren, sobre todo desde el punto de vista de la relación terapéutica, enfoques totalmente distintos; nos mostraremos amables y adoptaremos una postura de sentida «compasión» con quienes se muestran angustiados, mientras que con aquellos en los que domina la provocación representaremos el papel de quien acepta el desafío terapéutico y seguiremos la provocación hasta volverla en contra de la resistencia manifestada para eliminarla.

Frente al paciente con bulimia nerviosa y comportamientos autolesivos sobre una base traumática, las estrategias y las indicaciones terapéuticas serán las mismas que se utilizan en los casos de trastorno postraumático (Cagnoni, Milanese, 2010). Desde un punto de vista estructural y técnico, la intervención terapéutica será la misma para las distintas tipologías de pacientes; en cambio, la modalidad comunicativa y el contacto emocional deberán ser adaptados en función de las características del sujeto. Solo así podremos obtener la colaboración real del paciente a la hora de enfrentarse a un proceso tan terapéutico como doloroso.

En el trabajo de investigación-intervención llevado a cabo en el CTS sobre el estudio de las terapias más eficaces y eficientes para el trastorno por estrés postraumático se ha revelado que los modelos de tratamiento más prometedores tienen un elemento fundamental en común. La terapia cognitivo-conductual, la EMDR *(Eye Movement Desensitization and Reprocessing)*, la terapia estratégica y los enfoques psicodinámicos orientan al paciente a revivir repetidamente, aunque mediante modalidades diferentes (la exposición en vivo o la desensibilización sistemática, la narración novelada o la inducción a un estado hipnótico o la abreacción de lo reprimido), la experiencia vivida hasta que se obtiene el distanciamiento y el control, reduciendo sus devastadores efectos perceptivo-emocionales.

Por nuestra parte, la experiencia nos enseña que invitar al paciente a relatar lo que le ha ocurrido con todos los detalles, y en forma de «novela del trauma», a fin de que el terapeuta los conozca y los sienta es, aunque doloroso, el procedimiento más eficaz para liberarse de los efectos del trauma vivido. Como puede comprenderse, la dificultad consiste en guiar al paciente que desea evitar un dolor tan intenso a «pasar por el medio para salir». A veces antes de que esto ocurra se requieren varias sesiones, pero después los resultados pueden ser sorprendentes.

Dolor provocado por algo no vivido directamente

Otra forma de dolor insoportable que puede derivar en la constitución de una patología compensatoria y anestésica es el que producen aquellas situaciones en que la persona experimenta un profundo resentimiento, rechazo o vergüenza por un gesto ilícito o delictivo cometido por alguien a quien está indisolublemente unida: una hija que descubre la pedofilia del padre, una mujer que se entera de los estupros cometidos por su hermano, un padre que averigua que su hijo es un homicida o un traficante de droga. Podríamos citar muchos ejemplos, pero lo que caracteriza a esta categoría de pacientes son las reacciones, que pueden ir de la rabia al rechazo, al sentimiento de culpabilidad por no haber prevenido o ayudado a la otra persona a controlar sus impulsos. También en este caso, desde un punto de vista de la técnica, podrán utilizarse algunas de las maniobras ya expuestas, pero la terapia se gestionará sobre todo desde el punto de vista de la comunicación y de la relación. El contacto emocional y existencial será la clave para lograr que se acepte lo inaceptable.

Reflexiones finales sobre la fase que va de la segunda a la quinta sesión

En resumen, el trabajo terapéutico correspondiente a la fase de la terapia que va desde el final de la primera sesión hasta la quinta sesión está constituido tanto por la aplicación de las maniobras terapéuticas relativas a las estrategias y estratagemas orientadas a romper el equilibrio patológico, como por las modalidades de relación y comunicación terapéuticas más idóneas para permitir al paciente salir de las trampas patológicas y del sufrimiento psicológico.

Es evidente que el recorrido entre el final de la primera sesión (primera entrevista e indicaciones terapéuticas) y la quinta sesión (eliminación de las compulsiones a comer y vomitar y a autolesionarse) es solamente indicativo de lo que ocurre en la mayoría de los casos. Hay excepciones en las que esta fase puede prolongarse más, y también hay casos en que el camino se recorre más rápidamente.

Nuestra regla es la flexibilidad: es la solución la que ha de adaptarse al problema y no a la inversa, como ocurre desgraciadamente cuando se siguen protocolos terapéuticos demasiado rígidos.

Hace más de dos mil años Hipócrates, gran médico y terapeuta de la antigüedad, advertía: «Son la cura y el medicamento los que han de adaptarse al paciente y a su enfermedad».

2.3. De la quinta a la décima sesión

La tercera fase de la terapia es tan importante como las anteriores. Si las dos primeras fases están orientadas a realizar el cambio terapéutico, la tercera fase va dirigida a su consolidación, a su estructuración como un nuevo equilibrio persistente.

Este aspecto cobra mayor relevancia aún si consideramos que se realiza en un proceso terapéutico extremadamente breve, ámbito en el que por lo general la intervención está centrada exclusivamente en el desbloqueo de la patología y en la eliminación de los síntomas. En nuestro caso, en cambio, tras la ruptura del sistema disfuncional se requiere un período prolongado en el tiempo, aunque no en el número de sesiones, para constituir una homeostasis sana que sustituya a la anterior y enferma. A tal efecto, las sesiones se espaciarán y pasarán de ser semanales a bisemanales y mensuales, hasta llegar a ser bimestrales, trimestrales y semestrales. La última sesión tendrá lugar al menos un año después de la remisión completa de la sintomatología invalidante.

Nuestra experiencia nos ha permitido comprobar que este lapso de tiempo es normalmente necesario para que la persona, tras haber superado el trastorno, esté en condiciones de modificar de forma persistente todos los aspectos de su vida deteriorados por la patología.

Por otra parte, esta cadencia temporal concuerda con las líneas internacionales de realización de los *follow-up* como práctica para medir la eficacia del proceso terapéutico.

En nuestros protocolos, los encuentros de *follow-up* son parte integrante de la terapia. Hemos comprobado muchas veces que para el paciente es importante la perspectiva de una serie de encuentros distantes en el tiempo con la persona que le ha ayudado a superar el problema, como posibilidad de confrontación y verificación del propio crecimiento personal.

El terapeuta resulta así «transformado» en una especie de supervisor confortante y, de hecho, las sesiones se convertirán en auténticos encuentros de colaboración acerca de lo que la persona está haciendo ahora con su vida.

Esta fase de la terapia comienza cuando el trastorno se ha reducido al mínimo o se ha eliminado la sintomatología, o bien en nuestro caso cuando tanto la compulsión a atracarse y vomitar como la de autolesionarse han desaparecido completamente o se han reducido a algún episodio esporádico.

En ese momento, utilizando una variante de la técnica de la escala (De Shazer, 1999) y de la técnica del escalador (Watzlawick, Nardone, 2000; Nardone, 2010), se plantea la pregunta siguiente: «Hoy, en una escala del 0 al 10, en la que 0 representa la primera vez que hablamos sobre tu trastorno invalidante y 10 representa la situación en la que puedes decirme: "Gracias, he resuelto mi problema", ¿cómo crees que están las cosas, qué puntuación te otorgarías?».

Si los resultados de la terapia realizada hasta ese momento han sido positivos, los pacientes se otorgan una puntuación entre el 6 y el 8 o el 9, según su tendencia a sobrevalorarse o a infravalorarse.

Si, en cambio, la valoración desciende por debajo del aprobado, deberemos plantearnos dudas sobre el trabajo hecho o sobre la percepción por parte del paciente de cuanto se ha llevado a cabo hasta el momento. De modo que será necesario proceder a una comprobación conjunta del trabajo desarrollado y valorar si es necesario repetir las fases anteriores de la terapia antes de pasar a la consolidación de los resultados. En el caso de que el *feedback* sea el deseado, se propondrá la siguiente secuencia de preguntas para centrarnos en lo que habrá que hacer para obtener la máxima valoración.

Por ejemplo: «Si hoy tu nota es un 7, ¿qué debería cambiar en tu vida actual para que puedas decirme que hemos llegado al 10? ¿Qué cosas deberías añadir a los cambios ya realizados? ¿Qué cosas deberías hacer o no hacer, pensar o no pensar para alcanzar la valoración más alta?».

Esta pregunta *future-oriented* representa la modalidad principal para obtener un nuevo acuerdo sobre el objetivo final de la terapia y, al mismo tiempo, hacer que la persona, al proyectarse en una realidad ideal respecto al cambio terapéutico, accione en su interior un mecanismo sugestivo de profecía que se autorrealiza.

Cuando la persona haya aclarado, a través de una descripción puntual, cuáles serían las condiciones para alcanzar la nota máxima, le preguntaremos: «Si 10 corresponde a lo que has descrito, cuál sería la condición inmediatamente anterior que te permitiría decir que hemos llegado al 9, cuál sería la realidad un paso antes de ese resultado?». También en este caso se intentará obtener una descripción lo más concreta posible, y después se avanzará: «Si el 10 está representado por esto, y el 9 por eso otro, ¿a qué correspondería el 8?». Una vez más se le pedirá a la persona que describa las condiciones de una manera precisa y concreta.

A través de esta técnica simple pero sofisticada es posible acordar con el paciente todo el recorrido terapéutico hasta la meta final.

A continuación se pasará a la pregunta siguiente: «¿Crees que para realizar las sucesivas evoluciones en tu vida que has descrito es necesario sugerirte otras indicaciones o aplicar alguna otra estrategia o estratagema, o basta mantener el rumbo para que los resultados, al consolidarse, hagan evolucionar la situación hasta el punto de llegada?».

Esta pregunta nos permitirá aclarar en qué medida deberemos influir directamente en el paciente o si es suficiente acompañarlo en la fase final del proceso terapéutico.

Según la respuesta, la terapia avanzará de forma más o menos directa pero, en cualquier caso, los objetivos de esta fase seguirán siendo la consolidación de los cambios logrados, el desarrollo de una autonomía personal y la recuperación de una sensación de confianza en las capacidades y recursos personales.

Por tanto, aunque el paciente necesitara otras indicaciones directas, se intentará que surjan de una confrontación dialógica, de una colaboración concreta entre terapeuta y paciente, hasta que lleguen a ser fruto de una autonomía total de este último.

2.4. *Follow-up*

Una vez que el proceso terapéutico ha llegado a su fin, esto es, cuando paciente y terapeuta están de acuerdo en el resultado feliz del trabajo conjunto, se planifican tres sesiones de *follow-up*, que se desarrollan con el paciente y, si es necesario, con los familiares, a los tres meses, seis meses y un año de haber terminado la terapia. Estos encuentros tienen por objetivo comprobar la persistencia en el tiempo de los cambios obtenidos y la evolución espontánea de la vida del sujeto tratado, poniendo en evidencia sus recursos y favoreciendo su plena conciencia.

Consideramos que la terapia ha concluido realmente solo si, un año después de acabar el tratamiento, el trastorno está completamente eliminado, no se observan desplazamientos sintomáticos ni la aparición de otras formas de desequilibrio psíquico y conductual: la persona declara que se siente completamente liberada del problema y que ha superado o adquirido por primera vez plena autonomía y confianza en sí misma.

3. Soluciones alternativas al problema[1]

Por Matthew D. Selekman

3.1. Hacer que terapeuta y paciente sean coautores de historias de solución

A lo largo de nuestra carrera profesional nos han impresionado y conmovido la creatividad y la riqueza de recursos de nuestros pacientes bulímicos y autoagresivos, que a menudo han realizado por sí solos importantes cambios, mucho antes de que los viéramos en la sesión preliminar. Cuando se les ha preguntado cuáles eran los secretos de esta autocuración y de la capacidad para abordar mejor sus problemas, han enumerado los siguientes aspectos: la utilidad de hablar para sus adentros, llenar el tiempo libre con actividades significativas y sanas, frecuentar a personas que los han apoyado sin condiciones. En general, se trata de hábitos totalmente casuales y de frecuentar ambientes en que las cosas positivas parecen suceder por casualidad y que les han permitido restablecer estrategias de *coping* (afrontamiento) adoptadas en el pasado, etcétera (Selekman, 2009; Nardone *et al.*, 2011). Los puntos fuertes, la iniciativa y experiencia de nuestros clientes son elementos fundamentales para la construcción conjunta de soluciones adaptadas a sus dificultades y para convertirse en coautores de historias inspiradas por la solución. En realidad, la investigación indica que la habilidad del terapeuta reside en su capacidad de hacer surgir y utilizar las competencias, las ideas de cambio y las preferencias de los pacientes, a fin de permitirles alcanzar sus

1. Traducción al italiano y adaptación de Giulio De Santis, Malvina Wenter y Elisa Valteroni.

objetivos de la forma más eficiente posible (Siver-Cohn, 2010; Selekman, 2009; Duncan *et al.*, 2010; Hubble *et al.*, 1999). Gracias a estos estudios también sabemos que, cuando a los pacientes que padecen graves dificultades ocasionadas por sus hábitos, como la bulimia, las autolesiones y el abuso de sustancias adictivas, se les pide que definan los objetivos terapéuticos, así como las modalidades de tratamiento que pretenden seguir, quién puede participar en las sesiones y la frecuencia de las visitas, la probabilidad de que el tratamiento tenga un resultado positivo es mucho más alta y el riesgo de *drop-out* queda notablemente reducido (Selekman, 2009; De Shazer *et al.*, 2007; Pichot, Dolan, 2003; Mee-Lee *et al.*, 2010).

En este capítulo abordaremos los siete puntos fuertes y las áreas de recursos para la creación conjunta de historias determinadas por la solución con los clientes bulímicos y autoagresivos. Concretamente: los cambios autogenerados en el pretratamiento; los puntos fuertes personales; los éxitos logrados y las intuiciones no aprovechadas para la acción; la inteligencia como vía para la expresión y el cambio; las pasiones vitales, las actividades significativas y todo lo que desencadena emociones positivas; los descubrimientos espontáneos, las costumbres y los ambientes idóneos para el cambio; las redes sociales y las relaciones que pueden estar implicadas en el tratamiento.

Tras haber examinado cada uno de estos puntos fuertes y los recursos, presentaremos distintas categorías de preguntas terapéuticas que «extraen» la experiencia de los pacientes, para ayudarles a establecer objetivos terapéuticos claros y a crear conjuntamente con ellos eficaces realidades futuras.

Posteriormente, hablaremos de las ventajas que aporta ofrecer a los pacientes la oportunidad de crear sus programas originales a favor del cambio, que son útiles como hojas de ruta para el éxito terapéutico. A partir de su proyecto de planes de cambio, se les ofrece la posibilidad de elegir entre una variedad de opciones de experimentos terapéuticos. A lo largo del capítulo se presentarán algunos de los experimentos terapéuticos y rituales más importantes que los pacientes pueden elegir, acompañados con ejemplos de casos clínicos. Finalmente, nos ocuparemos de los instrumentos aptos para mantener los objetivos y las estrategias utilizadas para ayudar a nuestros pacientes a continuar/proseguir el camino terapéutico y evitar el riesgo de recaídas.

Cambio pretratamiento: destacar las capacidades de autocuración de los clientes y utilizar sus habilidades

Las realidades de nuestros clientes previas al tratamiento son un potencial tesoro de inestimables puntos fuertes, iniciativas e ideas creativas listas para ser recogidas y utilizadas en las áreas de interés que presentan (Selekman, 2005, 2009). Un procedimiento muy eficaz para acceder a los tesoros y a las capacidades de los clientes es ofrecerles un experimento de preasesoramiento antes de la sesión inicial. Del hecho de ofrecer a los pacientes un experimento de preasesoramiento se obtienen cinco beneficios: 1) hemos accedido a lo que ya funciona (las habilidades de afrontamiento autogeneradas y las estrategias de *problem solving* funcionales); 2) aumentamos la conciencia de los pacientes y prestamos atención a los momentos no problemáticos y asintomáticos en los que han asumido un cierto control sobre sus dificultades; 3) conseguimos hacerles reflexionar sobre este aspecto, lo que les proporciona una sensación de autoeficacia; 4) estamos en condiciones de aumentar sus esperanzas y los niveles de optimismo; 5) acortamos la duración del tratamiento, puesto que la primera sesión pasa a ser la segunda. Cuando un paciente, su compañero o uno de los padres pide ayuda a un terapeuta, este puede poner en práctica el siguiente experimento de preasesoramiento, antes de la sesión preliminar: «En estos años, a mis colegas y a mí nos ha impresionado mucho la creatividad de nuestros pacientes, que poseen abundantes recursos y son resilientes. Muchas veces han dado pasos importantes para afrontar mejor y tratar de resolver sus dificultades, aun antes de ver a un terapeuta. Por tanto, desde ahora hasta nuestro primer encuentro, quisiera que observase con atención lo que está mejorando en su situación, aunque sea poco, y lo que está sucediendo en su vida (en la relación con su compañero, con sus hijos) que querría que siguiera así. Además, preste mucha atención a lo que usted puede hacer para contribuir a la repetición de esos comportamientos reales que querría que sucedieran con más frecuencia en su familia. Le ruego que confeccione una lista y que me la traiga el día de nuestra primera entrevista, a fin de que yo pueda entender cuáles son sus puntos fuertes personales, familiares y de pareja y cuáles son las estrategias creativas de afrontamiento».

El experimento de preasesoramiento y las investigaciones llevadas a cabo sobre los resultados de ofrecerlo en distintas situaciones clínicas nos han demostrado en el pasado que esta técnica ha mejorado luego las capacidades naturales de autocuración de los pacientes. El preasesoramiento ha demostrado ser para ellos una experiencia transformadora, en la que las opiniones y las convicciones sobre su situación han cambiado, el funcionamiento individual y las relaciones interpersonales significativas han mejorado y, en algunos casos, los clientes han cancelado las sesiones diciendo: «Al fin y al cabo las cosas no van tan mal», «Creo que interrumpiremos durante un tiempo, ya que las cosas están funcionando bien por el momento» y «Gracias por haberme abierto los ojos sobre lo que me gusta de mi hija».

Cuando los clientes llegan a la primera cita, a menudo lo hacen provistos de listas con 5-10 experiencias positivas dignas de anotarse y con observaciones que desean explicar. El récord en los cambios previos al tratamiento está en 15. Por ejemplo, un padre y su hija, tras haber desarrollado y consolidado los muchos resultados obtenidos antes de la sesión inicial, decidieron que no necesitaban otras sesiones de *counseling*, porque el experimento de pretratamiento estaba produciendo un efecto positivo en cascada, mejorando mucho su relación. La mejor forma de capitalizar los cambios pretratamiento de nuestros pacientes es plantear preguntas con un lenguaje que evoque presupuestos positivos, que transmita, con fuerza, la confianza de haber realizado ya grandes progresos para mejorar la situación. El terapeuta puede empezar la sesión preguntando:

- «¿Desde el momento en que llamaste por primera vez a nuestro despacho, ¿qué ha mejorado en tu situación?»
- «¿Eres consciente de cómo has obtenido estos resultados?»

- «Si los cambios siguieran en esta dirección, ¿sería esto lo que desearías?»
- «¿Qué otra cosa ha mejorado?»
- «En una escala del 1 al 10, en la que el 10 es tu situación óptima, y el 1 significa que todavía hay mucho que hacer, ¿qué puntuación darías a tu situación de hace un mes?»
- «Un 1. ¿Y respecto a hace dos semanas?»
- «¡Un 5! ¿Eres consciente de cómo has logrado subir cuatro peldaños en la escala?»
- «¿Qué te has dicho para realizar esta idea creativa?»
- «¿Qué has hecho, concretamente, para evitar cortarte?»
- «¿De qué modo estas profundas palabras de sabiduría te han ayudado en otras áreas de tu vida?»
- «¿De qué modo han contribuido tus padres a evitar que te cortaras?»
- «Supongamos que esta es nuestra última sesión juntos. Si dentro de seis meses te llamase para que vinieras en calidad de asesora, para ayudarme con una paciente que no consigue dejar de cortarse, ¿qué pasos le aconsejarías que diera para acabar con sus hábitos autolesivos?»
- «¿Qué otro consejo útil le darías?»

En último término, corresponde a los pacientes decidir si quieren más asesoramiento después de las sesiones iniciales y son ellos los que determinan la frecuencia de las visitas futuras. Como hemos señalado anteriormente, algunas de las principales ventajas del experimento de pretratamiento son la posterior acentuación de las capacidades naturales de autocuración y la alteración de las creencias, que pueden conducir a cambios dramáticos en el funcionamiento individual y en las relaciones básicas. Para los terapeutas que trabajan en instituciones públicas con numerosos pacientes, vínculos temporales y largas listas de espera, el uso de experimentos de pretratamiento puede ser muy beneficioso.

Principales puntos fuertes: identificación y utilización en múltiples contextos

Una de las aportaciones más importantes del sector de la psicología positiva es el énfasis puesto en el estudio de lo que es *justo* en las personas y en aprender de ellos cómo abrirse al mundo. Peterson y Seligman (2004) identificaron 24 puntos fuertes del ser humano y elaboraron un cuestionario llamado *Values in Action Inventory of Strengths* (VIA) (Peterson, 2006; traducido al castellano como *Cuestionario VIA de fortalezas personales*), que tanto puede identificar los 5 principales como ordenar los 19 restantes. Los autores hicieron una versión más sencilla y más breve del cuestionario para niños y adolescentes, llamada *Values in Action Inventory of Strengths for Youth* (Peterson, 2006). Ambos cuestionarios se encuentran *on line* (www.viastrengths.org) y por lo general pueden cumplimentarse en 40-45 minutos. Tras haber propuesto el cuestionario, los terapeutas pueden pedir a los pacientes que lleven los resultados para discutirlos conjuntamente. La mayor parte de los pacientes solo reconoce por lo general tres o cuatro puntos fuertes, pero no es consciente de las 19-20 áreas poco desarrolladas o latentes identificadas por el cuestionario.

Aunque algún cliente ya está utilizando algunos de los cinco primeros puntos fuertes en algunas áreas de la vida, puede ser útil identificar en qué nuevos contextos o con qué dificultades tendría sentido empezar a experimentar el uso de los puntos fuertes para mejorar en esas áreas. Para contribuir a aumentar el sentido y el objetivo de la vida de los pacientes y desarrollar su altruismo, podemos hacer que experimenten nuevas formas de utilización de los puntos fuertes. Otro modo de utilizar los resultados del cuestionario es hacer que los pacientes conozcan los puntos fuertes latentes a través de la exploración de las ideas sobre cómo podrían desarrollarlos más y en qué ámbitos de su vida podrían ponerlos en práctica. Finalmente, los resultados del cuestionario VIA pueden ayudar a los terapeutas a pensar y preparar a medida los experimentos terapéuticos más adecuados al paciente.

Éxitos pasados e intuiciones no utilizadas: restaurar lo que funciona y asumir riesgos positivos para crear posibilidades

El dicho «nada tiene tanto éxito como el éxito» es una verdad universal. Cualquier mejoría que hayan obtenido en el pasado nuestros clientes puede servir de modelo para el futuro. Por tanto, es fundamental, en las primeras sesiones, invitar a nuestros nuevos clientes a compartir con nosotros las soluciones que han puesto en práctica anteriormente para resolver otras dificultades. Podemos animarlos a aplicar a sus dificultades actuales las estrategias de *problem solving* que funcionaron tiempo atrás. Mientras exploramos sus éxitos pasados, es útil descubrir si han sido instrumentos específicos o estrategias aprendidas de anteriores terapeutas o programas de tratamiento, de los que obtuvieron algún beneficio pero que luego dejaron de utilizar. Podría ser útil restaurarlos de nuevo (Selekman, 2005, 2009).

A veces nuestros clientes han tenido ideas creativas pero no han conseguido ponerlas en práctica. Explorar y revisar estas intuiciones no utilizadas puede conducir al desarrollo de algunas soluciones capaces de resolver las dificultades actuales. Por ejemplo, a una paciente que se autolesionaba se le ocurrió un día comprarse un pintalabios color rojo sangre y, en vez de cortarse, dibujar heridas con él en las zonas del brazo donde habitualmente se lesionaba. Tras haber aprendido esta estrategia de intervención natural y creativa, la animamos a probarla. Tres días después, no solo dejó de cortarse, sino que pensó que estaba «sonada» por utilizar el pintalabios en los brazos.

Las inteligencias múltiples: estilos clave de aprendizaje e itinerarios para la expresión y el cambio

El modelo de las inteligencias múltiples, desarrollado por el psicólogo Howard Gardner, ofrece a los terapeutas un marco muy valioso para planificar intervenciones a medida, basadas en las capacidades originales de los clientes. Para Gardner (2011*a*, 2011*b*), todos los seres humanos poseen diez áreas de inteligencia: *lingüística*, *lógico-matemática*, *musical*, *corporal-cinestésica*, *visual-espacial*, *interpersonal*, *intrapersonal, naturalista, espiritual* y *existencial.* No son solo áreas de fuerza, sino que representan también estilos de aprendizaje y vías para expresarse mejor. Por ejemplo, cuando se trabaja con una paciente que se autolesiona, dotada en las áreas de inteligencia lingüística y visual-espacial, los terapeutas deberían recurrir al uso de la escritura expresiva y a las intervenciones de arte-terapia, que armonizan bien con sus áreas clave. De este modo se contribuiría a promover una relación de cooperación y a hacer el proceso de cambio más agradable e interesante, ofreciendo dos itinerarios posibles. Finalmente, al proponer experimentos terapéuticos, tanto en la sesión como en cualquier otra parte, derivados de los sectores clave de la inteligencia, es útil adaptar el lenguaje y las metáforas sobre sus competencias, talentos e intereses a estas áreas de inteligencia, a fin de que los pacientes pongan en práctica los experimentos. Esto permitirá aumentar la cooperación y la adhesión al cumplimiento de las estrategias de cambio propuestas.

Pasión, significado y emoción positiva: aumentar la implicación del paciente en el flujo de las actividades

Cuando se inicia un tratamiento con nuevos pacientes autoagresivos y bulímicos, es muy útil descubrir cuáles son sus pasiones y las cosas que en su vida les parecen significativas. La participación en estos *hobbies* y en las áreas de interés suscita a menudo en ellos emociones positivas. Fredrickson (2009) ha descubierto, a través de sus profundas investigaciones sobre las emociones positivas, que estas reducen las negativas, tales como los estados de ánimos depresivos y ansiosos, aumentando en cambio la esperanza, el optimismo y los niveles de felicidad. Una emoción positiva puede aumentar incluso la resiliencia de las personas y las capacidades creativas de *problem solving.* Puesto que muchos clientes autoagresivos y bulímicos luchan por controlar su humor, introducirlos en actividades significativas y divertidas, tanto durante el tiempo libre como en los momentos de dificultad, puede ayudarles a mantenerse alejados de experiencias dañinas y contribuir a reequilibrar su estado de ánimo. Gracias a sus investigaciones, Csikszentmihalyi (1990, 1997) descubrió que, cuando un individuo está en estado de flujo (una especie de trance positivo), esto es, entregado a un *hobby* o a una actividad significativa, como por ejemplo el arte, la música y la danza, pierde la noción del tiempo y del sentimiento, y tiende a ser más creativo y productivo. Como parte del proceso de construcción de la estructura para el mantenimiento de los objetivos y para ayudar a nuestros pacientes a «mantener el control», deberemos animarlos a entregarse más a su especial «trance positivo».

Historias de sincronicidad y hechos casuales: identificar y utilizar actividades y ambientes afortunados

Otra vía que podemos utilizar como posible camino para el cambio es considerar las historias de sincronicidad y de hechos casuales en la vida de nuestros clientes. El freudiano «disidente» Carl Gustav Jung fue el primero en estudiar científicamente y en escribir sobre las coincidencias sorprendentes y significativas, que le llevaron a elaborar el concepto de *sincronicidad* (Jung, 1999s). Jung creía que muchas de estas coincidencias significativas o hechos fortuitos no se producían simple y solamente por casualidad. Para algunas personas estas coincidencias significativas, o hechos fortuitos, pueden ser transformativos. Por tanto, en el ámbito de la encuesta de cambio *precounseling*, en las sesiones iniciales con los nuevos clientes puede ser útil averiguar si en un pasado reciente se han producido algunas coincidencias significativas o hechos fortuitos que hayan resultado ser transformativos y que les hayan ofrecido una «sabiduría valiosa» y una comprensión de su situación, o les hayan proporcionado algún beneficio. Además, si esta tendencia a las coincidencias significativas aparece con mayor regularidad en algunos pacientes, puede ser muy útil averiguar si ellos desempeñan algún papel en la producción de estas experiencias (actividades fortuitas) y si existen contextos específicos (ambientes casuales) en los que estos hechos sean más probables. Algunos ejemplos de actividades casuales son: salir de la propia zona de confort y correr mayores riesgos positivos para aprovechar las oportunidades, aumentar la implicación personal en ambientes específicos donde se hacen nuevas amistades y aprender nuevas competencias, frecuentar más ciertos ambientes que parecen favorecer la fortuna y las sorpresas positivas, adoptar una mentalidad de «principiante» y visualizar lo imprevisto y lo incierto como situaciones excitantes en las que es posible encontrarse. Si el cliente es capaz de identificar cuáles son las actividades y los ambientes fortuitos, se aconseja utilizarlos en las áreas que presentan problemas.

Los hechos casuales están estrechamente vinculados a las coincidencias significativas. En ocasiones, a nuestros clientes les ocurren cosas positivas, inesperadas y extraordinariamente beneficiosas antes de acudir a la terapia y en el intervalo entre las sesiones. Por ejemplo, un padre compra un libro de autoayuda, lee alguna cosa sobre las aptitudes parentales y las implementa de forma funcional, con óptimos resultados. En esta situación, el terapeuta debe felicitar al padre por su riqueza de recursos y debería animarlo a seguir utilizando y perfeccionando más estas habilidades. Estos hechos casuales, semejantes a las coincidencias significativas, pueden ser transformativos y ofrecer al paciente sabiduría e *insight*, infundirle esperanza. El recuperado optimismo y los modelos de comportamiento que pueden surgir de estas experiencias pueden ser canalizados hacia las respectivas áreas problemáticas.

El sistema determinado por la solución: aprovechar la competencia de los miembros de la red social del paciente y de los aliados implicados en el sistema de ayuda

Hasta ahora hemos examinado distintos modos de aprovechar los puntos fuertes y la experiencia del cliente y de su compañero y/o familiares para construir conjuntamente las soluciones. No hemos hablado todavía de otras figuras importantes, es decir, de las personas de la red social de los pacientes, que representan un recurso clave en el proceso de construcción de la solución: son los miembros de la familia ampliada, los amigos íntimos del cliente, otros adultos que sirven de modelo y los profesionales de la ayuda implicados.

Los clientes y los miembros clave implicados constituyen el *sistema determinado por la solución* (Selekman, 2005, 2009, 2010). Los otros adultos, aquellos que sirven de modelo, han proporcionado un apoyo constante, consejos, sabiduría y han estado disponibles para la conexión emocional. Pueden ser parientes, profesores, entrenadores, sacerdotes, dirigentes de la comunidad y amigos íntimos de la familia. Implicando activamente a los miembros del sistema y colaborando con ellos desde el principio y durante todo el proceso de tratamiento, rápidamente se generarán conjuntamente soluciones de gran calidad; el paciente percibirá un fuerte sentido de comunidad y de apoyo, y los beneficios del tratamiento resultarán reforzados. Para los terapeutas que trabajan con sujetos con elevado riesgo de bulimia y autolesión, el hecho de que estas personas aporten su valiosa contribución entre una sesión y la otra puede reducir las probabilidades de aparición de crisis y ayudar a prevenir el *burnout* de terapeutas y familiares.

Preguntas para crear posibilidades

En este apartado presentamos algunas categorías de preguntas destinadas a definir los objetivos, a activar estrategias de afrontamiento, a crear pesimismo y a ayudar a exteriorizar, las cuales pueden ser utilizadas tanto en las sesiones iniciales como en las posteriores, con el objeto de crear conjuntamente un contexto de cambio. También se examinarán las instrucciones sobre cuándo utilizar las distintas categorías de preguntas. Los terapeutas han de preguntar de forma propositiva, seleccionando y construyendo tipos específicos de preguntas sobre la base del material propuesto por el cliente y teniendo en cuenta las distintas respuestas. Por ejemplo, si una pareja es muy negativa y los esfuerzos del terapeuta para que los cónyuges identifiquen los cambios previos al tratamiento, los logros obtenidos en el pasado o la posibilidad de hipotéticas soluciones futuras no tienen éxito, el terapeuta no debería insistir en los aspectos positivos sino contribuir, en cambio, al pesimismo, planteando preguntas que aborden el problema. Yogi Berra, el gran entrenador y exjugador de béisbol de los New York Yankees y de los New York Mets, dijo en cierta ocasión: «Tienes que tener cuidado si no sabes adónde vas, ¡porque es posible que no llegues!». Estas valiosas palabras llenas de sabiduría nos introducen en la próxima reflexión: las preguntas para definir los objetivos.

Preguntas para definir el objetivo

Para poder optimizar el éxito terapéutico de nuestros pacientes, necesitamos saber de ellos *qué*, *quién*, *cómo*, *dónde* y *cuándo*, lo más claramente posible, respecto al objetivo que pretenden alcanzar. Nuestro deber es negociar con ellos objetivos conductuales pequeños, realistas y realizables. Como parte del proceso de formulación del objetivo, es importante explicar a los clientes que los objetivos son el principio de algo nuevo, no el final de algo, que será un trabajo duro y que necesitan apreciar y abrirse a lo que aprenderán del viaje que los llevará a la consecución de sus objetivos. Las preguntas sorprendentes, hipotéticas y mensurables se han elaborado específicamente para ayudar a los clientes a definir objetivos terapéuticos bien formulados y proporcionan una clara orientación para el tratamiento (Selekman, 2005, 2009, 2010; De Shazer *et al.*, 2007; De Shazer, 1988, 1991; O'Hanlon, Weiner-Davis, 1989). A continuación reproducimos ejemplos de este tipo de preguntas.

Miracle question (Pregunta milagro)

- «Supongamos que esta noche, mientras estáis durmiendo profundamente, se produce un milagro, y todos los problemas que os han traído hasta aquí se resuelven por completo. Al despertar, ¿qué diferencia en su situación notará cada uno de vosotros?»
- «¿Qué cambio, qué diferencia se producirá en la relación que tienes con tu hija?»
- «¿En qué cambiará tu madre para ayudarte a entenderte mejor con ella?»

- «¿Qué otra cosa mejorará en tu relación con ella?»
- «¿Qué es lo que más te ha sorprendido del cambio en la relación con tu padre?»
- «¿De qué modo os ayudará a entenderos mejor?»
- «¿Qué otra cosa mejorará en la relación con tu padre?»
- «Si tu hermano estuviese sentado en aquella silla vacía, ¿qué le sorprendería más de lo que ha cambiado en la relación con tu padre?»
- «¿Qué le sorprendería favorablemente en la relación con tu madre?»
- «Siento curiosidad: ¿se está produciendo ya un milagro?»
- «¿Sois conscientes de cómo habéis conseguido este cambio?»
- «¿Qué otra cosa estáis haciendo de manera diferente y qué efectos milagrosos estáis observando?»

Preguntas hipotéticas

- «Supongamos que esta es nuestra última sesión juntos y que hoy sales de aquí con la sensación de estar completamente satisfecha. ¿Qué es concretamente lo que ha mejorado?»
- «¿Qué es lo que te hace pensar que has tenido éxito en nuestra entrevista de asesoramiento?»
- «Supongamos que has mirado en mi bola de cristal imaginaria en la que apareces tú dentro de tres semanas y ya no te cortas; ¿qué cosas diferentes estás haciendo capaces de hacerte sentir bien al demostrarte que tienes más control sobre tu vida?»
- «¿Qué te está diciendo que te ayuda a salir de la situación?»
- «¿Qué cosas diferentes están haciendo tu madre y tu padre que te ayudan a no cortarte?»
- «¿De qué modo todo esto está mejorando la relación con tus padres?»
- «Supongamos que dentro de seis meses nos encontramos en un centro comercial y tú llegas corriendo a decirme lo bien que te van las cosas en tu vida en ese momento. ¿Qué es lo que más desearías compartir conmigo?»

- «¿Qué más?»
- «¿De qué modo estos cambios están marcando la diferencia en tu vida?»
- «Si te preguntara cuáles han sido tus secretos para vencer la bulimia y los hábitos autolesivos, ¿qué me dirías que pudiera ayudar a otras muchachas que están en las mismas dificultades?»
- «Si te pidiera que me guiaras hacia atrás, paso a paso, para saber cómo has llegado a vencer definitivamente estos hábitos, ¿qué me dirías que has hecho?»
- «¿Qué otra cosa ha funcionado?»

Preguntas para medir

- «En una escala del 1 al 10, en la que 1 es cuando has decidido pedir ayuda y 10 el día siguiente al milagro, ¿dónde te encuentras hoy?»
- «¿Qué otra cosa te hace decir que estás en el 4?»
- «¡Guau! ¡Has recorrido el 40 % del camino!»
- «¿Qué harás para saber que has llegado al 5?»
- «¿Qué cosa concreta piensas hacer en los próximos días o semanas para llegar al 5?»
- «La próxima vez que nos veamos, ¿qué otra cosa me dirás que has hecho para llegar al 5?»
- «Si el 10 significa que esperas realmente que las cosas vayan mejor en un futuro, y el 1 significa que no tienes ninguna esperanza, ¿qué puntuación te darías hoy?»
- «¿Cero? Y sin embargo estás aquí. ¿Cómo lo has hecho para tomar esta decisión?»
- «Una persona que ha valorado su situación en cero habría decidido no dejarse ver o habría abandonado totalmente la idea del asesoramiento. ¿Qué te has dicho y/o qué has hecho que te ha dado el valor y la fuerza para no abandonar y estar aquí hoy?»
- «En una escala de -10 a -1, donde -10 significa que la situación con tu pareja no tiene ninguna salida y -1 que tienes una vaga esperanza de que las cosas puedan mejorar al menos un poco,

¿cómo habrías evaluado los hábitos bulímicos de tu pareja hace cuatro semanas?»

- «Un -10. ¿Y respecto a hace dos semanas?»
- «¿Cómo hemos pasado de -10 a -7?»
- «¿Eres consciente de lo que, concretamente, tú y tu pareja habéis hecho para subir tres peldaños en la escala?»
- «¿Qué otra cosa has hecho que parece funcionar al menos un poco?»
- «¿Qué otra cosa has notado que ha hecho tu pareja de forma diferente a antes?»

Crear posibilidades con los pacientes pesimistas y veteranos de la terapia

Los clientes bulímicos y autoagresivos y sus parejas y/o familiares que han tenido muchas experiencias de tratamiento, que creen que la situación es crónica, incurable, y se sienten desmoralizados, muchas veces no responden bien a los cambios pretratamiento, a las preguntas milagro *(miracle question)* y a las preguntas que influyen *(presuppositional questions)*. Con estos pacientes es fundamental que los terapeutas «cambien el chip» y respeten sus historias problemáticas, que confirmen sus pensamientos y sentimientos, y que cooperen mejor con su pesimismo. De otro modo, si el terapeuta sigue pretendiendo, sin éxito, obtener cambios pretratamiento o contemplar realidades futuras sin-el-problema, los pacientes se sentirán anulados, podrían ponerse a la defensiva y abandonar prematuramente la terapia. Debido a su negatividad y al fuerte sentimiento de frustración, algunos de estos sujetos pueden tender a utilizar a menudo el «Sí... pero», incluso ante la aparición de los primeros síntomas de mejoría. Es posible que esto se deba a que su experiencia personal está tremendamente impregnada del problema, cosa que les impide ver todo lo que no se adapta o se opone a estas experiencias opresivas (White, 2007).

Respecto a las instrucciones sobre cuándo hay que seleccionar preguntas específicas para utilizarlas con los clientes que han pasado ya por muchas terapias y con los pesimistas, empezaremos utilizando las *preguntas de afrontamiento*, sobre todo con los clientes del «Sí... pero». Si siguen mostrándose pesimistas, recurriremos a las *preguntas pesimistas* (Selekman, 2005, 2009, 2010; De Shazer *et al.*, 2007). En este punto, incluso el paciente más pesimista puede ver algo de luz y/o identificar un mínimo objetivo terapéutico con el que empezar a trabajar. Sin embargo, si las preguntas pesimistas no contribuyen a la creación de una relación de colaboración y el cliente sigue mostrándose desesperado, se puede intentar exteriorizar el problema opresivo o dejar más espacio para la narración y la revelación de lo no-dicho-aún, y utilizar las preguntas conversacionales (White, 2007; Maisel *et al.*, 2004; Anderson, 1997). Si se está profundizando en algunos secretos o afrontando fuertes reacciones emocionales derivadas de lo que se ha tratado en una sesión anterior, puede ser útil plantear en primer lugar algunas preguntas conversacionales abiertas. A continuación proponemos algunos ejemplos de cada una de estas categorías de preguntas.

Preguntas de afrontamiento

- «Parece que hay momentos en que Maria toca tus puntos débiles. Dime, ¿cómo has impedido que esta situación empeorase y, de este modo, también tu relación con ella?»
- «¿De qué manera os resulta útil todo lo que me estás explicando?»
- «¿Qué más hacéis para evitar que las cosas vayan cada vez peor?»
- «La situación parece realmente complicada, ¿cómo consigues afrontarla, en el nivel en que te encuentras?»
- «¿Hace Maria alguna cosa que parezca al menos un poco útil?»
- «Maria, ¿puedes pensar en algo que esté haciendo tu padre para impedir que esta situación sufra una verdadera *escalation* y vaya cada vez peor?»

La secuencia pesimista

- «¿Qué es lo que os hace avanzar? Algunos padres en tu situación habrían dado al traste con el asesoramiento hace mucho tiempo. ¿Por qué estáis dispuestos a darle otra oportunidad?»
- «¿Qué seguís diciéndoos a vosotros mismos para seguir adelante con vuestra vida y no renunciar a vuestra hija?»
- «¿Qué otra cosa estáis haciendo que parece servirle de ayuda?»
- «Algunos padres en vuestra situación habrían renunciado al asesoramiento, habrían enviado a su hijo a un internado o a un centro residencial de tratamiento, ¡o lo habrían dado en adopción! ¿Qué es lo que os ha impedido hacerlo?»
- «Supongamos que el viernes a medianoche la policía llama a la puerta para deciros que vuestra hija ha muerto. ¿Qué efecto tendría su pérdida en vosotros?»
- «¿Y en vuestro matrimonio?»
- «¿Qué es lo que más echaríais de menos?»
- «¿Quién acudirá a su funeral?»
- «¿Cómo serán sus honras fúnebres?»

Preguntas para exteriorizar

- «¿Desde cuándo estáis dominados por la bulimia?»
- «¿De qué modo la bulimia os ha desunido en el control de vuestros hijos?»
- «¿Recordáis, en los últimos tiempos, un momento en que os hayáis enfrentado a la bulimia, impidiendo que dominara a vuestros hijos?»
- «Cindy, ¿recuerdas episodios recientes en que la bulimia te haya empujado a poner en práctica el círculo vicioso de comer y vomitar, pero en los que tú, con astucia, no te hayas rendido a sus deseos?»
- «William, ¿quién es el responsable de tu piel, la autolesión o tú?»
- «William, ¿recuerdas episodios recientes en que te hayas enfrentado a la autolesión y no le hayas permitido que te haga un lavado de cerebro haciéndote creer que era tu amiga?»

- «Carmen, ¿quién ha decidido que tus brazos sirvan de campo de batalla para tu rabia y tu frustración, la autolesión o tú?»
- «¿De qué modo tus cicatrices te han hecho sentir el sabor amargo de que cortarse ha resultado ser más un enemigo que un amigo?»

Preguntas conversacionales

- «¿Has visitado a muchos terapeutas antes de acudir a mí? ¿Qué ignoraron de tu situación que para mí resulte importante saber?»
- «¿Qué aspecto concreto deberíamos abordar o resolver en nuestro trabajo juntos que te haría sentir completamente satisfecho?»
- «Estoy trabajando con una familia semejante a la tuya y siento que estoy completamente bloqueado. ¿Podrías hacerme alguna sugerencia acerca de cómo podría ayudarles?»
- «Habéis pasado muchas cosas juntos. ¿Hay algún otro episodio de vuestra vida familiar, una historia de valor y persistencia, en la que hayáis resuelto otra situación difícil permaneciendo unidos?»
- «Si la autolesión hiciera hoy las maletas y abandonase tu vida, ¿qué es lo que más echarías en falta?»
- «¿Hay algún aspecto de la autolesión que querrías mantener?»
- «¿Qué falta en la relación con tu madre que, de existir, marcaría una gran diferencia?»
- «Antes de que vinieras aquí por primera vez, ¿había algo que te dijiste que no traerías o de la que no hablarías en nuestras sesiones?»
- «¿Qué pregunta, si se resolviera, marcaría la diferencia de cara a tu situación futura?»
- «¿Hay alguna pregunta que esperabas que te hiciera? ¿Cuál?»
- «¿Cuál es la conversación valiente que nunca has tenido con tus padres pero que, si decides finalmente tenerla, podría mejorar realmente tu relación con ellos?»

3.2. El programa del plan de cambio

A menudo, cuando los pacientes bulímicos y autoagresivos entran en un programa terapéutico, en régimen ambulatorio o interno, especializado en el tratamiento de estos trastornos, los terapeutas y los otros profesionales implicados elaboran planes de tratamiento que consideran pueden ayudar más a sus clientes. Actuando desde su posición privilegiada, los expertos formulan los objetivos y seleccionan las distintas modalidades adecuadas para estabilizar la bulimia y los comportamientos autolesivos de sus pacientes. Por consiguiente, el proceso de tratamiento es de tipo jerárquico y no de colaboración. Además, los terapeutas y el resto de profesionales tienden a elaborar planes de tratamiento y estrategias terapéuticas dirigidos a los sujetos que están en fase de acción y predispuestos al cambio, es decir que están provistos de objetivos y dispuestos a trabajar para solucionar su situación (Prochaska *et al.*, 2006). Sin embargo, la realidad es que podrían ser *window-shoppers* (esto es, pacientes que, como un cliente que mira los escaparates de una tienda, acuden a la terapia solo para ver cómo funciona y cómo es el terapeuta, a fin de elegir ellos luego la figura que mejor se les adapta), o bien podrían ser clientes precontempladores, que piensan que no tienen un problema, mientras que sus parejas, padres, amigos, profesores, asesores escolares, médicos de familia y jefes se preocupan por ellos. Los estudios indican que a los pacientes bulímicos y autoagresores puede ser muy difícil tratarlos y mantenerlos en el tratamiento antes de satisfacer sus objetivos (Siver-Cohn, 2010; Selekman, 2009; Whitlock, 2008; Whitlock *et al.*, 2006). Tras haber experimentado los beneficios de los hábitos destructivos y haber tenido en el pasado suficientes experiencias negativas de tratamiento, no es extraño que nuestros clientes se muestren a menudo reticentes y protectores frente a sus hábitos bulímicos y autolesivos y que no quieran iniciar un recorrido terapéutico.

Una forma de hacer que la experiencia terapéutica sea más atractiva y capaz de favorecer las relaciones de colaboración entre los pacientes bulímicos y autoagresores, su pareja y/o familiares es ofrecerles la oportunidad de desarrollar sus propios planes de tratamiento. Esta oportunidad se denomina *proyecto de plan de cambio*

(Selekman, 2009). El proyecto de plan de cambio permite a los sujetos ser los principales autores de sus nuevas historias inspiradas por la solución, permitiéndoles decidir una serie de aspectos: los objetivos terapéuticos, qué puntos fuertes y recursos hay que utilizar para alcanzar sus objetivos, las modalidades de tratamiento, las personas que pueden participar en las sesiones, la frecuencia de las sesiones y las figuras sociales de referencia con las que colaborar activamente. El plan es fluido y se desarrolla a lo largo de todo el tratamiento. Los clientes son libres de aportar modificaciones al plan siempre que lo consideren necesario. El proyecto de plan de cambio (figura 1) está constituido por seis secciones: 1) principales cambios detectados previos al tratamiento; 2) comportamientos objetivo y/o cambios relacionales deseados; 3) puntos fuertes y recursos que hay que utilizar para la consecución del objetivo; 4) establecimiento del sistema determinado por la solución y de las figuras que hay que incluir en las futuras sesiones; 5) selección de las modalidades de tratamiento; 6) selección de las intervenciones (experimentos) terapéuticos. Tras haber compilado el proyecto de plan de cambio, todos los participantes firman en la última página del formulario, con lo que se hace oficial el contrato definido conjuntamente. Volveremos a examinar cada uno de los apartados del proyecto con ellos y nos procuraremos todas las informaciones necesarias para completar los distintos apartados.

Figura 1. *Proyecto de plan de cambio.*

Mis/nuestros principales cambios detectados previos al tratamiento

1. __________
2. __________
3. __________
4. __________
5. __________

Comportamientos objetivo y/o cambios relacionales deseados

1. Objetivos de los padres

a. ________

b. ________

c. ________

2. Objetivos de la pareja

a. ________

b. ________

c. ________

3. Objetivos del joven adulto/adolescente

a. ________

b. ________

c. ________

Mis/nuestros puntos fuertes y recursos que hay que utilizar para la consecución del objetivo

1. ________
2. ________
3. ________
4. ________
5. ________
6. ________

Establecimiento del sistema determinado por la solución y de las figuras que hay que incluir en las futuras sesiones

1. ________
2. ________
3. ________
4. ________
5. ________
6. ________

Selección de las modalidades de tratamiento

___ Terapia individual
___ Terapia de pareja
___ Terapia familiar
___ Grupo de padres centrado en soluciones
___ Grupo de liderazgo para liberar la tensión
___ Colaboración y apoyo del sistema profesional amplio

Selección de las intervenciones (experimentos) terapéuticos

___ experimento terapéutico n.º 1
___ experimento terapéutico n.º 2
___ experimento terapéutico n.º 3

Padres/miembros de la pareja

Nombre________________________ Fecha________
Nombre________________________ Fecha________

Joven adulto/adolescente

Nombre________________________ Fecha________

Terapeuta

Nombre________________________ Fecha________

A continuación examinaremos brevemente cada apartado del proyecto. El aspecto positivo de este plan de tratamiento, guiado por el paciente y «hecho a medida» para él, es que optimiza el éxito. Además ofrece a los clientes todo el control y el poder de decisión para toda la duración del tratamiento, impidiendo que se produzca el *drop-out*.

Mis/nuestros principales cambios detectados previos al tratamiento

Esta importante información será proporcionada cuando los pacientes debatan sobre los resultados del experimento pretratamiento prescrito en el primer contacto telefónico. En algunos casos, los clientes no habrán completado o habrán olvidado realizar el experimento previo al tratamiento, en otros casos detectarán en el transcurso de la primera sesión los cambios dignos de anotarse. Los terapeutas necesitan especificarles las estrategias de afrontamiento y *problem solving* y los modelos interaccionales de construcción de las soluciones que consideran útiles para lograr los objetivos terapéuticos.

Comportamientos objetivo y/o cambios relacionales deseados

Con la ayuda de las pregunta milagro, de las preguntas hipotéticas y de las preguntas orientadas a medir, los clientes deberían ser capaces de articular tanto sus objetivos terapéuticos a corto plazo como los ideales. Como hemos señalado antes, los terapeutas deben negociar, junto con sus pacientes, objetivos conductuales pequeños, realistas y que puedan resolverse. A veces, los objetivos de los clientes son aún demasiado grandes y ambiciosos, de modo que hemos de repartirlos en pasos pequeños, animándolos a empezar por estos. Es útil decirles que conseguir ese pequeño paso es como una bola de nieve que va rodando montaña abajo y se hace cada vez más grande hasta alcanzar el fondo. En algunos casos, con los sujetos más pesimistas, la utilización de preguntas de afrontamiento o de preguntas pesimistas puede contribuir a que surja un objetivo específico para el tratamiento. En caso contrario, los objetivos poco definidos llevarán a una terapia vaga y sin un enfoque preciso.

Mis/nuestros puntos fuertes y recursos que hay que utilizar para la consecución del objetivo

En este apartado del proyecto para el plan de cambio se invita a los clientes a compartir las acciones de cambio pretratamiento, las prácticas fortuitas, los puntos fuertes clave e inteligencias múltiples, las actividades de flujo y las estrategias de *problem solving* exitosas en el pasado que utilizarán para conseguir los objetivos terapéuticos iniciales. Los puntos fuertes y los recursos del cliente son nuestros aliados y deberían ser utilizados al máximo en el ámbito del contexto problemático y de los objetivos. Mantener una fuerte atención basada en los puntos fuertes favorece rápidamente el establecimiento de relaciones de colaboración y favorece las emociones positivas.

Establecimiento del sistema determinado por la solución y de las figuras que hay que incluir en las futuras sesiones

Durante la conversación telefónica preliminar se deberían seleccionar los miembros principales del sistema determinado por la solución. En este momento se puede preguntar si el paciente puede invitar a estas personas a participar en la primera sesión, siempre que se sienta cómodo con esta petición. En última instancia, corresponde a los sujetos interesados decidir a qué profesionales y miembros clave de su red social desean invitar a la sesión inicial y a las siguientes. A algunos clientes les preocupa que algunos profesionales participen en las sesiones. En estas situaciones, lo primero que haremos es escuchar atentamente y respetar estas inquietudes, y luego expondremos algunas de las ventajas que reporta su presencia en la sesión, especialmente si son representantes del sistema jurídico y pueden servir como posibles defensores y aliados. Debemos explicarles, además, cuán útil resulta que otros profesionales de la ayuda observen y sientan que el cliente está haciendo progresos. Finalmente, estas figuras pueden ayudar al cliente entre una sesión y otra, proporcionando un nuevo apoyo y evitando que se produzcan recaídas o crisis.

Además de establecer con los clientes quién formará parte del sistema determinado por la solución, también es importante invitarlos a que digan a quién hay que incluir en las siguientes sesiones de *counseling*. Sería preferible empezar con el núcleo familiar del propio paciente. Si en la segunda sesión no se produce ningún cambio o si la situación del cliente ha empeorado, ampliaremos su sistema y lo invitaremos a evaluar a los familiares ausentes y a los otros miembros de su red social en una escala del 1 al 10, donde 10 coincide con el sujeto «más preocupado por ti». Será muy beneficioso invitar a la siguiente sesión a las personas a las que se ha otorgado una puntuación elevada.

Selección de las modalidades de tratamiento

Otro modo de respetar las preferencias de los clientes es permitirles elegir la modalidad de tratamiento. El cliente puede decidir participar en una variedad de modalidades de tratamiento. Los adultos pueden optar por combinar sesiones individuales y de pareja. Para los padres podría ser útil combinar la terapia familiar y la participación en un grupo para padres *centrado en soluciones*. Algunos adolescentes podrían desear participar inicialmente tan solo en un grupo de liderazgo para liberar la tensión y con el tiempo mostrarse cada vez más dispuestos a la terapia familiar, a fin de poner en práctica directamente con los padres algunos instrumentos y estrategias que han aprendido en el grupo. Norcross (2010) ha descubierto que cuando se respetan las preferencias de los pacientes el proceso de involucramiento se produce más rápidamente y las probabilidades de *drop-out* son inferiores. Como terapeutas debemos tener una mente abierta, ser flexibles, y creer realmente que los clientes saben lo que más les conviene.

Selección de las intervenciones terapéuticas

Una vez que se ha comprendido claramente cuáles son los cambios previos al tratamiento de nuestros pacientes, los puntos fuertes y los recursos, las teorías del cambio, las fases de preparación al cambio, las preferencias de tratamiento, las expectativas y los objetivos terapéuticos, podemos hacer una breve pausa en la sesión para planificar o seleccionar las intervenciones terapéuticas más adecuadas. Como parte de la pausa, yo escribo una *reflexión editorial*, que consiste en felicitar a cada uno de los participantes en la sesión, subrayando los cambios pretratamiento, los puntos fuertes y los recursos, reestructurando en positivo los comportamientos negativos, todas las preguntas en las que querría que pensaran en las semanas siguientes y dos o tres experimentos terapéuticos entre los que elegir, de acuerdo con los objetivos del tratamiento. Cuando los clientes han elegido, escribo en su copia del modelo de los planes de cambio, o en otra hoja, las fases concretas para perfeccionar cada uno de los experimentos terapéuticos.

3.3. Experimentos y rituales terapéuticos para el cambio individual y sistémico

En este apartado presentaremos cinco categorías de experimentos terapéuticos y rituales para promover cambios sistémicos e individuales a largo plazo. Proporcionaremos recomendaciones prácticas sobre cuándo utilizarlos y propondremos algunos breves ejemplos de casos clínicos para ilustrar los experimentos terapéuticos y rituales.

Experimentos terapéuticos centrados en los puntos fuertes

Los experimentos centrados en los puntos fuertes se inspiran en la terapia breve centrada en la solución (Selekman, 2005, 2009, 2010; De Shazer *et al.*, 2007; De Shazer, 1988; 1991; Siver-Cohn, 2010) y en la psicología positiva (López, Snyder, 2009; Snyder, López, 2007; Peterson, 2006; Peterson, Seligman, 2004; Seligman, 2005). Todos estos experimentos terapéuticos tienen muy en cuenta los principales puntos fuertes, los talentos y los recursos, las estrategias funcionales del pasado, las teorías sobre el cambio y los modelos únicos de respuesta cooperadora de los pacientes.

Sorpresa secreta

Este alegre y divertido experimento terapéutico puede utilizarse tanto con las parejas como con las familias. Es especialmente útil cuando el solicitante ha sido capaz de identificar algunos momentos no problemáticos o un progreso con el paciente «designado». La sorpresa secreta adapta cuidadosamente, desde el punto de vista conductual, lo que hace el cliente a lo que el compañero o los padres querrían que hiciera, aumentando en estos últimos las emociones positivas e incentivando sus esperanzas. En general, los clientes saben muy bien qué cosa diferente podrían hacer para sorprender positivamente al compañero o a los padres y qué sería especialmente apreciado (Selekman, 2005, 2009; O'Hanlon, Weiner-Davis, 1989).

> En los últimos tiempos, John había reducido la frecuencia con que se quemaba los brazos con cigarrillos. Los padres estaban contentos por este nuevo progreso. Sin embargo, sentían como si John les estuviese ocultando sus pensamientos y sentimientos dolorosos en relación con los principales factores de estrés de su vida. Para los padres, sería un éxito enorme que John se aproximara a ellos en los momentos emocionalmente problemáticos.
>
> Además, los padres se quejaban mucho de que John tenía la habitación hecha un desastre. Los haría felices el simple hecho de que se dispusiera a ordenarla. Cuando me entrevisté a solas con John, le pregunté si realmente quería volver locos a los suyos. Le pregunté qué dos sorpresas podía hacer la semana siguiente para sorprender a sus padres positivamente. Afirmó que intentaría acudir a su madre para pedirle ayuda en los momentos en que se sintiera mal, en vez de quemarse. La otra sorpresa en la que estaba pensando era empezar a limpiar su habitación. Convoqué a sus padres a una sesión y les dije que habría algunas sorpresas positivas la semana próxima y que, como Sherlock Holmes y Agatha Christie, deberían observar con atención, con sus lupas imaginarias, para descubrirlas. John no podía darles indicios sobre lo que debían buscar. Una semana más tarde, los padres se mostraron gratamente impresionados por sus sorpresas y por su gran progreso.

Observar atentamente cómo se consigue superar el estímulo o la tentación de...

Este experimento terapéutico es especialmente útil para los pacientes que sufren trastornos como bulimia, autolesión y abuso de sustancias. Al sujeto interesado se le pide que preste mucha atención, todos los días, a los diálogos interiores que pueden resultar muy útiles, a las estrategias autogeneradas de afrontamiento y *problem solving*, a las actividades, a las personas y a los lugares que le ayudan a abstenerse de sus hábitos. Una vez identificadas estas importantes informaciones, hay que instruir al cliente para que favorezca lo que funciona. El experimento es muy útil para el mantenimiento de los objetivos y la prevención de las recaídas (Selekman, 2005, 2009; Pichot, Dolan, 2003; De Shazer, 1997).

Escribir, leer y desechar los pensamientos opresivos

Muchos clientes bulímicos y autoagresivos están dominados por pensamientos opresivos repetitivos que los incitan a comer, vomitar y practicar conductas autolesivas. Sienten que estos pensamientos opresivos son incontrolables y aparentemente dotados de vida propia. Un método extraordinario para conseguir controlar estos pensamientos es escribirlos cuando están a punto de imponerse, leerlos y luego arrugar el papel y tirarlo. Precisamente porque estos pensamientos opresivos pueden asaltar en cualquier momento, especialmente cuando los pacientes se encuentran en un estado emocionalmente vulnerable, es importante que estos lleven siempre consigo un bolígrafo y un cuaderno de bolsillo, a fin de poder realizar el experimento en cualquier situación, si es necesario. Los clientes descubren a menudo que, si hacen esto, son capaces de vencer estos pensamientos opresivos. El experimento funciona bien con los clientes que están dotados en las áreas lingüística e intrapersonal (Gardner, 2011*b*).

Hacer algo radicalmente diferente

El experimento de *hacer algo radicalmente diferente* es especialmente útil con las parejas y los padres que se quejan y que no pueden evitar amenazar, gritar, acusar, alejarse emocionalmente y comportarse de forma hiperresponsable en relación con la patología de su ser querido. Al principio, estos demandantes no ven cómo sus opiniones rígidas y sus formas disfuncionales de responder perpetúan más las dificultades que querrían ver resueltas. Este experimento puede ser utilizado con parejas y familias. Lo he utilizado con los profesores y jefes de mis pacientes (Selekman 2005, 2009, 2010; De Shazer, 1988, 1991).

La pareja o los padres se entrenan durante una semana para responder de maneras diferentes, insólitas y sorprendentes cada vez que el paciente designado trate de tocar la tecla «equivocada» o desarrolle comportamientos muy arriesgados o molestos, que los familiares querrían ver modificados. No tienen que decir al cliente lo que están haciendo, sino tener en cuenta lo que parece funcionar a la hora de favorecer comportamientos más positivos por su parte, como por ejemplo la reducción de los episodios autolesivos y los atracones con sus correspondientes conductas de eliminación.

> Eloise, una muchacha de 14 años, se cortaba desde hacía dos años. Las soluciones intentadas por sus padres habían sido esconder los objetos cortantes que había en la casa, controlar su habitación para ver si había escondido hojas de afeitar y otros objetos peligrosos, preguntarle todos los días si se había cortado y controlar luego los brazos, las piernas y el abdomen para comprobar si había heridas recientes. Cuanto más jugaban a los detectives con Eloise, más buscaba ella y encontraba objetos puntiagudos para usar contra sí misma, frustrando las esperanzas de sus padres. A estos los expliqué que Eloise les llevaba mucha ventaja y que eran demasiado previsibles en sus acciones. Puesto que estaban en una situación extrema y dispuestos a probar cualquier cosa, los animé a que, durante la semana siguiente, cuando la tentación de actuar como detective y de ser excesivamente responsables en su intento de protegerla fuera fuerte, intentaran responder de

forma inusual y sorprendente, diferente a cualquier otra reacción que hubieran experimentado anteriormente con la muchacha. Se produjo así un cambio importante: a lo largo de la semana siguiente los padres no le preguntaron nunca si controlaba su cuerpo ni si tenía ganas de cortarse. La madre, que amaba la buena cocina, le pidió a la hija que la ayudara: le hizo cortar las verduras, las hierbas aromáticas, la fruta, etcétera. Eloise la ayudó a preparar la cena. Estas dos estrategias de solución llevaron a Eloise a bloquear sus comportamientos autolesivos y a abrirse con su madre respecto a las cosas que la perturbaban.

Utilizar los principales puntos fuertes de una forma nueva

Una vez que nuestros pacientes han descargado el VIA, el *Inventario de los puntos fuertes* o el *Inventario de los puntos fuertes para jóvenes*, del sitio web www.viastrengths.org, podemos invitarlos a utilizar sus cinco principales puntos fuertes de una forma nueva (López, Snyder, 2009; Peterson, 2006). Este experimento de la psicología positiva fue planeado para aumentar los niveles de felicidad y ofrecer un estilo de vida dotado de más significado. Por ejemplo, podremos invitar a un paciente con una puntuación alta de inteligencia social a ayudar a un alumno nuevo de su instituto a hacer nuevas amistades. Estos actos altruistas de amabilidad pueden ayudar a los sujetos interesados a encontrar un significado y un objetivo a su vida.

Planificar el día perfecto

El paciente, antes de ir a la cama, ha de pensar en el día siguiente y planificar su día perfecto. Se trata de seleccionar lo que necesitará concretamente para realizarlo, cuál deberá ser la mentalidad o el diálogo interior más funcional, con quién deberá estar y cuáles serán los contextos o los ambientes donde es más probable que se produzcan experiencias positivas. Al día siguiente deberá esforzarse para que su «hoja de ruta para el éxito» se convierta en una realidad. Este experimento crea profecías positivas que se autorrealizan.

Es importante poner en conocimiento de nuestros pacientes que, a veces, hechos casuales o decepciones imprevistas pueden impedirles alcanzar los objetivos diarios. Por tanto, es útil examinar con ellos las medidas que hay que adoptar para «recuperar el control y salvar el día». Finalmente, al final de cada jornada deberán hacer una valoración en una escala del 1 al 10 (figura 2), en la que el 10 representa «el mejor día de mi vida», y el 1 es «el peor día» (Selekman, 2009; Peterson, 2006). Este experimento tiene que realizarse durante un período de dos semanas. Lo que se ve con el tiempo es que los pacientes descubren los modelos funcionales que obtienen una puntuación superior a 6 en la escala de las valoraciones diarias, aprendiendo también de qué opciones, acciones, personas y lugares nocivos deben mantenerse alejados. Una vez que se ha entendido qué es lo que funciona, deberemos animarlos a repetir estos comportamientos.

Figura 2. *Puntuación para «planificar el día perfecto»*

10 = El mejor día de mi vida
9 = Día extraordinario
8 = Día excelente
7 = Día muy bueno
6 = Día bueno
5 = Día normal
4 = Día por debajo de la media
3 = Mal día
2 = Día terrible
1 = El peor día de mi vida

Rituales familiares que crean vínculos y experimentos terapéuticos

Una dinámica familiar común en las familias de personas con comportamientos autolesivos y en algunas familias de personas bulímicas es la desconexión emocional. Por alguna razón, los padres han decidido desvincularse de los hijos como respuesta a sus comportamientos autodestructivos. En algunos casos puede tratarse de *burnout*, pérdida de confianza y desesperación tras haber sufrido varios fracasos en el tratamiento de los hijos. Algunos padres utilizan la cura del silencio y la desvinculación emocional como una forma de castigo o un modo de hacer frente al fuerte sentimiento de impotencia. Cualquiera que sea la razón, las investigaciones nos indican que los adolescentes autoagresivos desean mejorar su relación con los padres (Siver-Cohn, 2010; Selekman, 2009; Selekman, Schulem, 2007). También sabemos que los adolescentes son menos propensos a dedicarse a comportamientos autodestructivos y de externalización cuando tienen un vínculo fuerte con los padres (Henggeler *et al.*, 2009). El ritual y los dos experimentos terapéuticos que se describen a continuación están pensados específicamente para facilitar la construcción de un vínculo y crear relaciones más fuertes y significativas.

Adolescentes/jóvenes adultos como guías de los propios padres

En las situaciones clínicas en que parece existir una desconexión emocional entre el paciente bulímico o autoagresivo y uno o ambos padres, este ritual familiar para la creación de vínculos puede ayudar a reforzar sus relaciones (Selekman, 2006, 2009, 2010). Al adolescente o al joven adulto se confía el encargo de guiar/enseñar a uno o a ambos padres una determinada habilidad, que él posee, durante una semana. Algunos ejemplos de competencias que los pacientes han enseñado a sus padres son: la pintura, el *collage*, la escultura, la costura, la talla de la madera, las habilidades deportivas, etcétera. Los sujetos implicados deben respetar un programa diario que hay que mantener y considerar sagrado: eso significa que no deben producirse interrupciones por parte de otros miembros de la familia o amigos, y que los teléfonos móviles han de estar apagados. Cada sesión didáctica tiene una duración de 30-40 minutos. Las reglas de la casa son: los padres han de ser estudiantes respetuosos, han de escuchar, estar atentos y hacer preguntas si tienen dificultades para dominar las distintas fases de adquisición de la nueva habilidad. A menudo los pacientes sobresalen en estas actividades y los padres descubren que tienen hijos competentes y con talento. El ritual ayuda también a establecer relaciones más estrechas y emocionalmente significativas.

> Jessie, de 17 años, se cortaba, se quemaba, bebía, fumaba y había sido expulsado de la escuela. Tenía una relación tormentosa con su padre, que lo abroncaba por sus fracasos en la escuela y por el consumo de alcohol y drogas. Jessie tocaba la guitarra y el bajo eléctricos y tenía una banda. Su padre también tocaba la guitarra acústica, pero curiosamente él y Jessie jamás habían tocado juntos. Jessie deseaba tener una relación mejor con su padre. Recibió el encargo de enseñar a su padre, durante una semana, cómo tocar su canción preferida, *Broken Home*, de Papa Roach. Su padre aceptó el experimento. Al parecer ambos fueron capaces de pasar buenos momentos juntos, sin discutir y riendo mucho cuando el padre se equivocaba de notas. El padre descubrió, además, que Jessie era un «excelente maestro» y «muy paciente». Esta experiencia positiva fue muy significativa para ambos. Los dos decidieron continuar tocando juntos. Como consecuencia de la mejoría en sus relaciones, Jessie aceptó comprometerse a acabar con sus hábitos autodestructivos.

Evocar lo mejor del pasado

Otro instrumento importante para facilitar la construcción de vínculos es pedir a los padres y a los hijos que suban a una máquina del tiempo imaginaria para regresar a un pasado y a un lugar donde se sentían emocionalmente más cercanos y satisfechos de sus relaciones (Selekman, 2005, 2006, 2009). A tal efecto es importante hacer surgir no solo las imágenes sino todas las sensaciones positivas vividas durante aquella experiencia.

Por lo general, les pido a los «viajeros en el tiempo» que respondan a las siguientes preguntas:

- «¿Dónde llevarías la máquina del tiempo?»
- «¿Cuántos años tenías en aquel momento?»
- «¿Dónde estás?»
- «¿Qué estáis haciendo?»
- «¿De qué estáis hablando?»
- «¿Qué es lo que más os gusta de este momento especial que estáis viviendo juntos?»
- «¿En qué estás pensado y qué sientes concretamente?»
- «Si tuvieses que señalar un aspecto cualquiera de esta experiencia especial con tu padre/tu madre para reproducirlo hoy, ¿qué elegirías?»
- «¿De qué modo estos cambios establecerían una diferencia, hoy, en tu relación con ellos?»

El aspecto positivo de este experimento terapéutico es que aumenta la conciencia de los pacientes de haber tenido éxito en el pasado en sus relaciones y puede aumentar la esperanza de que las cosas mejoren aquí y ahora y el optimismo. El paso siguiente es hacer que escojan, entre las interacciones pasadas, las que querrían restablecer o reproducir en este momento, y que según ellos podrían mejorar sus relaciones y ayudarles a resolver las dificultades actuales. Este experimento terapéutico puede ser utilizado también con parejas.

Inventos familiares invisibles

El experimento de los *inventos familiares invisibles* está pensado para suscitar la inventiva de los clientes y familiares para resolver sus dificultades de una forma alegre y divertida (Selekman, 2009, 2010). Se formulan las siguientes preguntas:

- «Si tuvieses que inventar un artilugio o una máquina útil para otros chicos como tú, qué aspecto tendría, cómo funcionaría y cómo podría ayudarles?»
- «¿Cómo podría ayudar a tu hermana o a tu hermano?»
- «¿Cómo podría contribuir a mejorar la relación con tu madre?»
- «¿Y con tu padre?»

Prefiero hacer que diseñen un prototipo del artilugio o de la máquina durante la sesión. El valor añadido de este experimento es que los pacientes acostumbran a ir a casa y tratan de construir realmente el artilugio. Este experimento se convierte en un proyecto familiar divertido, que los aproxima a través del juego. Una vez construido el artilugio, pueden utilizar su imaginación y fingir que lo usan para resolver las dificultades conductuales y de relación. Los sujetos que tienen un interés por las ciencias o están dotados en las áreas de inteligencia lógico-matemática y visual-espacial (Gardner, 2011*b*) responden bien a este tipo de experimentos. Este experimento puede ser utilizado también con parejas.

Experimento de los huéspedes famosos como asesores familiares

Este experimento está pensado específicamente para mejorar la comunicación familiar, las capacidades de *problem solving* y para reforzar las relaciones (Selekman, 2005, 2009, 2010). Cada miembro de la familia ha de elegir dos o tres personajes famosos que admiran y que les sirven de modelo. Los personajes famosos pueden ser artistas, músicos, filósofos, escritores, poetas, personajes históricos, políticos, estrellas del deporte, de la televisión o del cine, personajes de dibujos animados y de la literatura. Una vez que los miembros de la familia han elegido a sus personajes célebres, deben imaginarse que se ponen en su lugar y generan soluciones para sus dificultades actuales. Tras haber obtenido algunas estrategias creativas y de gran calidad, han de regresar a casa, ponerlas en práctica durante la semana y memorizar lo que funciona. Este experimento también puede realizarse con parejas.

Experimentos de arte-terapia

Algunos pacientes bulímicos y autoagresivos con los que trabajamos son artistas y fotógrafos dotados de un talento natural. Sobresalen en el área de inteligencia visual-espacial (Gardner, 2011*b*). Utilizar en la sesión experimentos de inspiración artística puede ser la vía mejor y menos intimidatoria de expresarse y de solventar las dificultades. He utilizado este tipo de experimentos para la definición de objetivos y como medida del cambio. Por precaución, debemos abstenernos de formular interpretaciones e invitar, en cambio, a nuestros pacientes a compartir los significados únicos de los símbolos y de las palabras contenidas en los dibujos y en los *collages*. Utilizar la curiosidad y las preguntas abiertas nos ayuda a entender mejor sus dilemas y realidades.

La pintura mural de mi historia familiar

Con este experimento se invita a los sujetos interesados a dibujar murales de grandes dimensiones (con rotuladores de colores, lápices de colores, pinturas al pastel o carboncillos) para representar de qué modo perciben sus historias familiares y sus realidades (Selekman, 2005, 2009). Tienen libertad para representar los murales en estilo realista, abstracto o en cualquier otro. Invito a hacer este experimento en la primera sesión, a mitad del tratamiento y en la última sesión, como comprobación de los cambios individuales y familiares. Es interesante observar que en los dibujos, con el paso del tiempo, la representación de uno mismo, en cuanto a dimensiones y forma, y su ubicación en relación con los cambios familiares cambia según los progresos obtenidos. Esto puede resultar interesante para los familiares, puede contribuir a abrir canales de comunicación y convencer a los familiares para que resuelvan los conflictos que han contribuido a crear la distancia emocional y física.

Soluciones de arte surrealista

La mayor parte de los pacientes conoce a los pintores surrealistas Dalí y Magritte. Para dar comienzo a los experimentos de arte surrealista, proporciono al cliente algunas informaciones básicas acerca de lo que ha inspirado a los artistas surrealistas para pintar, dibujar y esculpir:

se inspiraron en sus sueños, en sus fantasías, en su imaginación, en sus conflictos, en la historia y en la política (Selekman, 2009). El paciente ha de realizar un dibujo surrealista (utilizando rotuladores de colores, lápices de colores, pinturas al pastel o carboncillos) de un sueño o de una fantasía recurrente, relacionados con un problema actual. Para ayudar a los clientes a dar rienda suelta a su creatividad, puede ser útil mostrarles libros de arte que contengan obras de Dalí y Magritte. Luego formulo las siguientes preguntas:

- «¿En qué se ha inspirado tu dibujo?»
- «¿Cuáles son los temas principales de tu dibujo?»
- «¿Qué significan para ti los signos y los objetos contenidos en él?»
- «Mirando tu obra y reflexionando sobre ella, ¿se te han ocurrido nuevos puntos de vista o nuevas posibles soluciones para tu problema?»
- «Si Dalí y Magritte estuvieran aquí y pudiesen contemplar tu dibujo, ¿qué es lo que más les intrigaría?»
- «Partiendo de lo que sabes sobre las obras de arte de Dalí y Magritte, ¿por qué crees que les impresionaría precisamente este aspecto/detalle de tu dibujo?»
- «Si pudieses beneficiarte de sus mentes creativas, ¿qué consejo útil crees que te podrían dar, tras haber visto tu dibujo, para ayudarte a resolver tus problemas?»

Las soluciones de arte surrealista pueden ayudar además a los pacientes a planear visualmente los objetivos terapéuticos.

> Isabel, de 15 años, se había estado cortando todos los días durante los dos últimos años. Además estaba muy deprimida tras haber perdido a su padre a los 7 años, y a tres abuelos a los que se sentía muy unida, a la edad de 13 años. Para complicar más las cosas, estaba confusa respecto de su orientación sexual: se sentía sexualmente atraída por otra chica, que correspondía a sus sentimientos. Al parecer su amiga/compañera tenía una familia disfuncional y ella misma padecía algunos problemas emocionales, que también abrumaban a veces a Isabel. Respecto a sus principales puntos

fuertes, estaba dotada en las áreas de inteligencia visual-espacial y lingüística. También era una estudiante excelente. Le gustaban los surrealistas, especialmente Dalí y Magritte. Como había sido difícil hacerle formular sus propios objetivos, aparte del deseo de la madre de que dejara de cortarse y «de hablar de los problemas derivados de las pérdidas irrecuperables», pensé en hacerle probar el arte surrealista. Isabel hizo un dibujo fantástico e interesante, que tanto Dalí como Magritte habrían apreciado. Se dibujó a sí misma en el centro, en la parte inferior de la página, de pie sobre la hierba, medio ángel medio perro, mirando al cielo y encadenada a un palo. El dibujo era muy dinámico, con una bifurcación central hacia un rayo de sol, que desde lejos iluminaba el centro de la hoja. Había púas afiladas que salían desde abajo hacia la superficie, a ambos lados. En el cielo destacaban el sol y los pájaros. Isabel tituló su dibujo *Apenas consigo ver la luz*. Para ella el sol representaba «la esperanza y el cambio». Los pájaros representaban «la liberación y la emancipación de mis problemas». Las púas afiladas, el hecho de «ser herida y hacerse daño». Isabel vivía el hecho de «ser herida» como no sentirse aceptada por sus compañeros, al no estar de acuerdo con ellos. «Hacerse daño» tenía que ver con los estímulos que la llevaban a cortarse, es decir: ser arrastrada por su compañera, por sus «problemas personales, sintiéndome impotente, mientras yo soy rechazada por mis compañeros», y por el «deseo de tener un padre». Lo que surge de su obra representaba su objetivo inicial, esto es, aprender a «fijar confines y límites respecto a los demás» que le hacen daño. Una vez identificados sus objetivos, Isabel no solo hizo *outing* con su madre, explicándole su relación romántica con la compañera, sino que dejó de cortarse.

Meditación mindfulness *y prácticas correspondientes*

La meditación *mindfulness*, la visualización y las estrategias multisensoriales son muy eficaces con los clientes autoagresivos, bulímicos y que abusan de sustancias (McGowan, 2010; Selekman, 2009, 2010;

Safer *et al.*, 2009; Miller *et al.*, 2007; Marlatt, Donovan, 2005; Linehan, 1993). Cuando enseñamos a nuestros clientes, a través de la meditación *mindfulness*, cómo abarcar tanto lo negativo como lo positivo y cómo adoptar una perspectiva de gran apertura mental *(big sky mind)*, estos se vuelven menos reactivos a sus pensamientos y sentimientos negativos, y tienen menos probabilidades de caer en los impulsos autolesivos y de recurrir a la comida y al vómito o al abuso de sustancias para enfrentarse a sus problemas. Con una gran apertura mental nos situamos en una posición de observación y de no apego en relación con nuestros pensamientos, sentimientos, recuerdos y con todo lo que está ocurriendo en el presente. Los clientes descubren que el cambio es un proceso continuo, y que los pensamientos y sentimientos negativos, así como los retos que plantea la vida, son transitorios. En aras de la brevedad, limitaré mi análisis a dos tipos de meditaciones *mindfulness* y a una estrategia de visualización, que yo llamo «visualizar una película de éxito». Les prescribo a mis pacientes estos instrumentos y estrategias de afrontamiento una o dos veces al día.

Meditación con el sonido

Una forma de ayudarse a sí mismos es el uso del sonido. Ante todo, el paciente debe sentarse cómodamente en una silla o en un sofá. Luego tiene que cerrar los ojos y entrar en sintonía con los distintos sonidos que percibe a su alrededor. Luego simplemente tendrá que clasificar en su mente los sonidos que oye, sin intentar entender por qué los está oyendo. Esta meditación tiene que prolongarse unos 10-12 minutos. A menudo los clientes se duermen porque se encuentran en un estado de relajamiento.

Viajar al país de las palomitas

La mayoría de los pacientes realiza de buen grado esta meditación, porque les parece divertida y porque les gusta comer palomitas. Tras haberse sentado cómodamente en una silla, invito al cliente a estudiar atentamente una palomita de maíz que sostiene en la mano izquierda y a analizar su forma, su color y las sombras que la envuelven. El paso siguiente consiste en coger lentamente la palomita con la mano derecha haciéndola girar con la punta de los dedos. Los ojos deben permanecer cerrados. Luego, el paciente debe meterse en la boca la palomita haciéndola girar sobre los dientes y sobre la lengua sin morderla. Tras haber realizado esta operación durante unos pocos minutos, tendrá que masticar lentamente y con precisión la palomita, aunque sin tragarla. Finalmente, la tragará prestando mucha atención a las sensaciones que experimenta en el esófago y en el estómago. ¡Durante 12 minutos el cliente es transportado al «país de las palomitas»!

Visualizar la propia película de éxito y alegrarse

Esta estrategia de visualización consiste en hacer que los clientes visualicen la imagen de algo que hicieron en el pasado o que vivieron junto con otras figuras significativas, algo inolvidable y de gran consuelo emocional. El primer paso consiste en imaginar una pantalla cinematográfica en blanco, sobre la que el cliente deberá proyectar la película de un episodio inolvidable del pasado, vivido junto con otras figuras significativas, utilizando todos los sentidos, incluidos el color y el movimiento (las acciones de los protagonistas).

La visualización tiene que prolongarse unos 10-12 minutos. A menudo los clientes sonríen mientras están visualizando su película agradable, porque les suscita emociones positivas y les hace eliminar por completo los pensamientos o los sentimientos negativos que habían tenido anteriormente. Este ejercicio puede ser utilizado también como modelo estratégico de intervención para el mantenimiento de los objetivos y para la prevención de las recaídas. Visualizar películas de éxito siempre tiene resultados positivos con los sujetos dotados en el área de la inteligencia visual-espacial (Gardner, 2011*b*).

> Carol, de 16 años, se cortaba, fumaba marihuana, comía y vomitaba durante períodos alternos desde hacía dos años. Era

consciente de que estaba perdiendo el control sobre sus hábitos autodestructivos. El rendimiento escolar había bajado. Había sido una excelente jugadora de fútbol hasta que empezó a salir con un grupo de compañeros que la introdujeron en este tipo de comportamientos autodestructivos. Carol conservaba muy buenos recuerdos de la época en que jugaba al fútbol. Además de ser una buena atleta, Carol era una hábil artista. Sabiendo que estaba dotada en el área de la inteligencia visual-espacial, le propuse que experimentara la visualización de la película de éxito, para interrumpir sus esquemas conductuales autodestructivos y para suscitar en ella emociones positivas, cada vez que sufría malestar emocional. Primeramente nos ejercitamos en este tipo de visualización en mi estudio, luego le pedí que probara a hacerlo en casa. Carol cerró los ojos y utilizó todos sus sentidos, incluido el color y el movimiento; sobre la pantalla en blanco se proyectó a sí misma mientras marcaba el gol de la victoria para su equipo, 15 segundos antes del final del partido. Mientras reproducía aquellas imágenes emocionalmente reconfortantes, Carol sonreía y conseguía verse mientras su equipo ganaba el partido. Había retrocedido literalmente en el tiempo a aquel maravilloso momento de gloria y esto la puso de excelente humor. Acordamos que pondría en práctica la visualización dos veces al día y que la utilizaría como estrategia de afrontamiento si padecía estrés emocional. Cuando empezó a notar que tenía un control mayor sobre sus hábitos opresivos, Carol decidió interrumpir el trato con los compañeros que ejercían sobre ella una influencia negativa.

Experimentos de escritura expresiva

La máxima según la cual «la palabra escrita es más poderosa que la palabra hablada» está confirmada por investigaciones realizadas con clientes que han sufrido traumas, que padecen trastornos psicosomáticos o que tienen otros problemas emocionales (Selekman, 2009; Lyubomirsky, 2007; Pennebaker, 1997, 2004; Pennebaker, Graybeal,

2001; McDermott, Snyder, 1999; Pennebaker, Susman, 1988; Cagnoni, Milanese, 2010). Algunos pacientes bulímicos y autoagresivos tienen graves dificultades para clasificar y verbalizar pensamientos y sentimientos, y responden mucho mejor a los experimentos de escritura que sacan provecho de su creatividad y fantasía. Poner por escrito los pensamientos opresivos, los sentimientos y los recuerdos exterioriza el problema y puede ayudar a los clientes a liberarse de los problemas actuales y de las experiencias traumáticas pasadas. Los experimentos de escritura expresiva deberían formar parte del bagaje terapéutico de cualquier terapeuta, para usarlos con los sujetos dotados en el área de la inteligencia lingüística (Gardner, 2011*b*).

Mi autor preferido reescribe mi historia

Para los lectores más empedernidos y para aquellos que aman la escritura creativa, este experimento constituye una experiencia extraordinariamente positiva y divertida (Selekman, 2009). El paciente ha de establecer cuál es su autor preferido, su estilo, sus personajes y los temas principales de sus obras. El cliente tratará de escribir las cinco primeras páginas del capítulo inicial. Algunos sujetos se sumergen tan a fondo en sus escritos que acaban completando el primer capítulo. Para propiciar el comienzo de este divertido y agradable experimento de escritura expresiva, formulo las siguientes preguntas:

- «Si tu autor preferido tuviese que reescribir tu historia personal, ¿qué nuevo personaje crearía para ti?»
- «¿Cuáles son las cualidades especiales, las capacidades o los intereses que posee el nuevo personaje?»
- «¿Quieres ser el personaje principal?»
- «¿Cómo serán los otros personajes?»
- «¿Tendrías una nueva familia o preferirías mantener algunos de tus familiares reales, aunque cambiando su forma de ser?»

Tras haber completado este experimento, pregunto: «¿Hay aspectos de tu nuevo personaje o elementos/temas del nuevo relato que tengas previsto introducir en tu vida actual?». Gracias a este experimento y a la imaginación de los pacientes, a menudo estos elaboran ideas útiles y posibles soluciones para resolver sus dificultades actuales.

Un extraordinario titular de periódico

Se trata de otro divertido experimento de escritura expresiva que aprovecha la imaginación del cliente. Al paciente se le plantea la siguiente pregunta: «Si mañana compraras el diario *El País* y leyeras en primera página una noticia con grandes titulares sobre algo realmente extraordinario que has realizado tú, ¿qué leerías?». Tras haber decidido el titular, el sujeto interesado ha de escribir el contenido de la entrevista y la historia que el periodista ha escrito sobre su extraordinaria acción: lo que ha sucedido, los pensamientos y acciones que han llevado a realizar la empresa, qué otras personas estaban implicadas y qué beneficio ha reportado a la vida del paciente. Este experimento de escritura expresiva puede ayudar a generar soluciones para los problemas actuales del cliente.

> Charlie, de 16 años, se quemaba con cigarrillos y jugaba al juego de la asfixia con los amigos. Sus padres estaban muy preocupados por su comportamiento autolesivo y temerario. Le suprimieron todos los permisos, trataron de reeducarlo muchas veces y de mantenerlo alejado de la influencia negativa de sus compañeros. Charlie era un estudiante por encima de la media y un escritor de talento. También era un excelente nadador y había ganado varias competiciones. Tras haber establecido una relación con Charlie y haber descubierto lo que quería cambiar en sus padres, aceptó probar este proyecto de escritura. El titular era «Un muchacho salva heroicamente a una chica en peligro». El muchacho escribió también el contenido de la entrevista describiéndose como una persona valiente y un héroe: había salvado a una mujer que se había golpeado la cabeza con la tabla de surf y estaba a punto de ahogarse. Al parecer, Charlie se hallaba en la barca de la familia, había visto la escena y se había lanzado a las frías aguas

del lago Michigan para salvar a la muchacha y devolverla sana y salva a la barca de padre. Después de este relato, Charlie y yo hablamos sobre lo que significaba ser un héroe y salvar la vida de una persona. Durante un tiempo Charlie pensó en trabajar como socorrista durante las vacaciones de verano con la idea de que sería «grande» salvar realmente la vida de las personas. Tras haberle hecho reflexionar sobre los aspectos positivos de ponerse en primera línea para salvar la vida de los otros, conseguí garantizar a Charlie un verano como socorrista a orillas del lago, apartándole así de las malas compañías. El muchacho comprendió que llevar marcas de quemaduras en los brazos provocaría el rechazo de las muchachas del lago. Charlie tenía ganas de salir con alguien y consideró que este trabajo podía ser una gran ocasión para «conocer chicas guapas».

Tú en tu mejor historia

Este experimento invita a los pacientes a escribir 3 o 4 párrafos sobre algo que hayan hecho en el pasado o en el presente, y de lo que se sientan orgullosos (Selekman, 2009, 2010). Este experimento de escritura expresiva suscita emociones positivas y puede aumentar los niveles de optimismo y esperanza. Los estudios indican que cuando la redacción final del relato se lee todas las noches, antes de acostarse, los clientes duermen mejor (Peterson, 2006). Cuando han acabado de escribir las historias, les hago subrayar con distintos colores los pensamientos de acción y los itinerarios de los pensamientos que les han ayudado realmente a conseguir el éxito. El pensamiento de acción tiene que ver con el modo como los clientes se apasionan y se motivan para alcanzar sus objetivos. Puede incluir el uso de un útil monólogo interior y la búsqueda de otros soportes que les inspiren y permitan obtener buenos resultados. El itinerario del pensamiento está relacionado con los pasos dados para conseguir sus objetivos. Una vez que el cliente completa el proyecto de escritura, podemos examinar conjuntamente cuáles son los aspectos del pensamiento de acción y del itinerario del pensamiento que hay que utilizar y experimentar para la consecución de los objetivos del tratamiento.

El registro de la gratitud

La gratitud es un aspecto importante de la satisfacción en la vida (Emmons, 2007; Peterson, 2006). Ayudar a los pacientes a encontrar la luz en medio de la oscuridad de sus problemas y de las pruebas que la vida les presenta puede ofrecer esperanza y optimismo y suscitar emociones positivas. Por tanto, se pide a los clientes que, un par de veces por semana, o más a menudo si lo desean, lleven un registro de las experiencias pasadas y presentes por las que están agradecidos. Esta puede ser una poderosa estrategia de afrontamiento para disponer, si es necesario, de un consuelo emocional.

Revista humorística

La mayor parte de los sujetos autoagresivos y bulímicos van en busca de un placer inmediato y de algún alivio al estrés emocional. Las endorfinas opiáceas endógenas les proporcionan la sensación de languidez o de placer que experimentan tras haber practicado comportamientos autolesivos o después de haber comido y vomitado. Sin embargo, una sana alternativa para la activación de las endorfinas es elaborar una revista humorística (Selekman, 2009). Puesto que las carcajadas y la alegría generan endorfinas de forma natural, pedir a nuestros clientes que elaboren una revista compuesta de viñetas recortadas, fotografías, chistes divertidos, citas y relatos puede ser una salida positiva que cabe utilizar cuando sufren un malestar emocional. Además, algunos pacientes añaden a su diario sus propios chistes o caricaturas.

3.4. Cabalgar la ola del cambio: instrumentos y estrategias terapéuticas para mantener el rumbo terapéutico y alcanzar los objetivos

Cuando los pacientes muestran los primeros signos de mejora, debemos no solo consolidar los cambios, sino también observar y evaluar atentamente la presencia de posibles signos de desviación terapéutica respecto del objetivo original, o las posibles nuevas situaciones críticas y las otras preocupaciones que los pacientes puedan desarrollar como efecto de la terapia. La falta de participación en estos importantes desarrollos puede derivar en consecuencias desastrosas, como la aparición de prolongadas recidivas; los pacientes se desmoralizan, y se sienten como si hubiesen regresado al punto de partida, momento de mayores dificultades. Debemos estar muy atentos a todo lo que sucede en cada sesión. Eso significa prestar mucha atención también a los cambios en el comportamiento no verbal del cliente, el tono de voz, la pérdida de focalización durante la sesión. Debemos observar las interacciones positivas y negativas diferentes, qué pensamos y sentimos como reacción a nuestros clientes y cómo nos responden: es necesario saber intuir cuándo es el momento de cambiar de tema o de interrumpir la sesión para abordar por separado con los miembros de la familia sus preocupaciones. Los cinco componentes para el mantenimiento del objetivo y para reducir la probabilidad de recaídas son: 1) la construcción de la estructura; 2) las preguntas para la consolidación; 3) recurrir a compañeros y a otras figuras de referencia de la red social como sistema natural de soporte en la prevención de las recaídas; 4) identificación de los signos de prealarma; 5) la planificación de escenarios de respuesta constructivos por parte de la familia.

Construcción de la estructura

La *construcción de la estructura* consiste en llenar el tiempo libre con numerosas actividades sanas, significativas y agradables. En estrecha colaboración con el paciente, se decide aumentar su implicación personal en pasiones, aficiones, actividades deportivas y trabajos significativos. Además, lo animaremos a relacionarse más con compañeros sanos que no tengan hábitos autodestructivos y a vivir en contextos funcionales que contribuyan a reducir el riesgo de activar las acciones de comer y vomitar o los episodios de autolesión. Si todos los amigos del cliente tienen hábitos autodestructivos, trataremos de descubrir si el sujeto interesado está dispuesto a encontrarse con nuestros expacientes más jóvenes que han pasado por sus mismas dificultades, como un sistema de soporte temporal, hasta que haga nuevas amistades (Selekman, 2005, 2009). Los antiguos clientes también pueden guiarlo en el aprendizaje de estrategias de afrontamiento nuevas y eficaces, ayudándole a mejorar su vida escolar o a encontrar un trabajo.

Uno de los instrumentos que ofrecemos a nuestros clientes para ayudarles a mantener el rumbo es el registro del «detonante positivo» (Selekman, 2006, 2009). El cliente está diariamente al corriente de lo que hace, de lo que hacen los miembros de la familia, sus amigos y las otras figuras implicadas, para ayudarle a no caer en los hábitos de comer y vomitar, en la autolesión y en otros comportamientos autodestructivos. Todas estas soluciones intentadas constructivas activarán emociones positivas y le ayudarán a no perder de vista su objetivo. Pedimos a nuestros clientes que lleven consigo, doblado en la bolsa o en la carpeta, el registro de los detonantes positivos: si se presentan situaciones estresantes, pueden sacarlo y comprobar que tienen muchas opciones para afrontar y resolver el problema (Selekman, 2006, 2009). Los pacientes siempre han explicado que el registro del detonante positivo los ha ayudado a mantener el objetivo y a prevenir las recaídas.

Preguntas para la consolidación

Estas preguntas son muy útiles para consolidar las mejoras, para no perder de vista los objetivos y para controlar de forma constructiva pequeñas recaídas, y además representan un procedimiento eficaz para subrayar las diferencias respecto al pasado (Selekman, 2005, 2009; De Shazer *et al.*, 2007). El verdadero *insight* y el cambio real se producen cuando los pacientes se atreven a precisar claramente dónde estaban antes de la terapia, metidos de lleno en sus problemas, y dónde están ahora. Algunas de las preguntas para consolidar son las siguientes:

- «Y bien, ¿qué es lo que ha mejorado desde la última vez que nos vimos?»
- «Supongamos que hemos mirado en mi bola de cristal: han transcurrido dos semanas, ¿qué otros cambios has realizado?»
- «Hacer esto, ¿supone para ti la diferencia?»
- «¿Qué cambios estás poniendo en práctica con tu madre?»
- «¿Qué tendrías que hacer en este momento para volver atrás?»
- «¿Cómo te ves ahora a ti mismo y tu situación respecto al ti mismo de antes, prisionero del "cortarse"?»
- «Supongamos que la próxima semana tienes una recaída, ¿qué medidas piensas tomar para impedir un nuevo empeoramiento?»
- «Las recaídas son como los maestros y nos ofrecen su sabiduría. ¿Qué has aprendido de la recaída del miércoles, que podrás aprovechar en un futuro si te encuentras ante una situación estresante?»
- «Supongamos que, dos semanas después de la última sesión, se produce una recaída o la situación se precipita. Mirando atrás, ¿qué habrías querido abordar o resolver antes, conmigo en la sesión, que habría podido impedir todo esto?»
- «Supongamos que os he invitado a todos aquí, como asesores, para ayudarme con otra familia afectada por la bulimia y por problemas de autoagresión. ¿Qué indicaciones útiles querrías compartir con ellos, para ayudarles a superar sus problemas?
- «Supongamos que planeamos celebrar dentro de un año una fiesta de aniversario, para poder escuchar vuestros grandes progresos y los nuevos cambios. ¿Qué querrías contarme antes que nada?»
- «¿Qué es lo que más me sorprenderá?»

Utilizar a los compañeros y a las otras personas clave de la red social como soporte natural de prevención de las recaídas

El mantenimiento de los objetivos y la prevención de las recaídas es un aspecto que interesa a la red familiar y social (Selekman, 2005, 2006, 2009). Implicándolos activamente en el proceso de mantenimiento de los objetivos y de prevención de las recaídas, los miembros del sistema aprenderán directamente de los pacientes el mejor modo de ayudarlos a mantener el rumbo.

Identificar por anticipado las señales de peligro

Un elemento fundamental para mantener los objetivos y prevenir las recaídas tras haber conseguido los primeros progresos es la identificación de las señales precoces de peligro, como son, por ejemplo, un principio de descomposición de las áreas de consecución del objetivo, un rápido aumento de los niveles de estrés individual y familiar y una crisis en fase inicial (Selekman, 2009). Además de ampliar y consolidar las mejoras del cliente, de la pareja y/o de la familia, los terapeutas han de investigar con ellos, en las sesiones posteriores a la primera, todos estos factores. Si no se interviene precozmente, haciendo frente a estas inquietudes, o si la situación empeora, podrían producirse recidivas graves y prolongadas que favorecen la sensación de haber regresado al punto de partida. Los terapeutas pueden plantear las siguientes preguntas:

- «¿Hay algo de lo que no hemos hablado hasta ahora que, si no lo abordamos de inmediato, podría derivar en una recaída importante o en una situación de crisis?»
- «¿Fuera de las áreas de nuestro objetivo está ocurriendo algo que os preocupe y que podría presentarse de nuevo más adelante, haciéndoos desviar del rumbo emprendido?»
- «Hasta ahora habéis hecho enormes progresos. ¿Hay algo de lo que no hayamos hablado que, si no es tratado, podría constituir un obstáculo para vuestra trayectoria?»

- «Una vez que este problema ha sido resuelto, ¿de qué modo establecerá una diferencia en tu situación?»
- «¿Cuáles son los retos potenciales y las situaciones peligrosas que podrían producirse con tus compañeros y que podrían hacerte desviar temporalmente de tu objetivo?»
- «¿De qué modo tus padres pueden ayudarte a enfrentarte mejor al hecho de que la abuela se está muriendo y a no recaer en el consuelo de "cortarte"?»
- *(a una familia en crisis)* «¿Cuándo se producirá la próxima crisis?»
- «¿A qué hora del día?»
- «¿A quién afectará?»
- «¿Qué hará cada uno de vosotros para aumentar los efectos?»

Planificación del escenario de respuesta constructiva de la familia

Un último procedimiento eficaz es el recurso a la planificación del escenario de respuesta constructiva por parte de la familia (Selekman, 2009). Consiste en hacer imaginar a los pacientes, que han avanzado mucho o que han alcanzado los objetivos, los peores escenarios posibles respecto a su situación. Tras haber identificado todos los peores escenarios posibles, la familia ha de establecer una serie de pasos constructivos y concretos que cada miembro puede ejecutar. Favoreciendo el trabajo familiar de grupo y perfeccionando las propias respuestas determinadas por la solución, los miembros de la familia estarán mejor equipados para controlar los acontecimientos estresantes. En el caso de que se hiciera realidad uno de los peores escenarios, sabrán qué pasos hay que dar para controlarlo de modo constructivo.

III

Casos clínicos

Caso clínico 1. Bulimia nerviosa/*vomiting* tratado con solución adaptada a la lógica del problema

Por Giorgio Nardone

Primera sesión

Preguntas iniciales

T: Y bien, S., ¿de dónde vienes?
P: De Casentino.
T: Ah, eres una de las afortunadas que vive aquí cerca.
P: También le escribí un correo.
T: Recibo muchos, contesto, pero no me acuerdo de todos.
P: Padezco de bulimia, como continuamente. He leído su libro.
T: ¿Cuál?
P: *Las prisiones de la comida*, y he entendido cuál es mi problema. Cuando era jovencita, a los 16 años, tuve una gran decepción amorosa.
T: Que te destrozó.

Definición del problema

P: Sí, me destrozó. Empecé a comer y a vomitar para adelgazar, porque deseaba reconquistarlo de este modo, luego pasé épocas en que me recuperé un poco. Más tarde empecé a salir con otro chico. Siempre chicos, sobre todo conocidos, en un pueblo pequeño, luego lo dejamos y caí, no en la anorexia, más que nada no comía, comía poco, comía una pechuga de pollo, me saltaba la cena.
T: En la abstinencia.
P: Sí, en la abstinencia. Y llegué a pesar 41-42 kg.

Luego mis padres se dieron cuenta… no, mis padres no, mis tíos, sobre todo, se dieron cuenta de que estaba adelgazando. Yo estaba contenta, estoy contenta cuando estoy delgada, pero ahora tengo relaciones con otro chico que es modelo, y a mí me resulta muy difícil, porque se relaciona con un mundo que…

T: Los eliges a medida, ¿no?

Uso de la ironía para establecer contacto

P: Sí, pero lo quiero, me quiere, nos queremos. Sé que le gusto pero me doy cuenta de que este problema no me deja vivir, porque cuando entro en la rueda de comer y vomitar, como y no puedo permitirme comer ni una galleta porque me tengo que comer toda la caja y luego la he de vomitar.

T: Ya.

P: También me estoy tratando con otro psicoanalista y, es decir…

T: ¿Y no has notado ningún cambio?

Investigación sobre anteriores intervenciones terapéuticas

P: Hay un cambio cuando no estoy sola en casa, cuando están mis padres. Pero igualmente encuentro la manera de vomitar, porque me cierro con llave, luego me ducho y nadie se entera.

T: Ya.

P: Y quiero volver a vivir porque me siento prisionera. *Las prisiones de la comida*, es verdad, porque no puedo pensar por la mañana cuando me despierto, como esta mañana, había dicho que tenía que estudiar, pero cuando las cosas no funcionan como yo digo hay algo que explota y…

T: ¿Qué estudias?

P: Psicología.

T: Vamos a ver… ¿en qué año estás?

P: En primero. Hice la prueba y la pasé.

T: De acuerdo, esto es una cosa que llevas dentro de ti desde el comienzo de tu adolescencia y que ha marcado tus éxitos y tus fracasos.

Paráfrasis reestructurante

P: Sí.
T: Bien, y aunque ahora te tiene prisionera querrías dejarlo.
P: No consigo dejarlo.
T: De acuerdo, analicemos bien cómo funciona. Antes que nada, ¿lo haces después de las comidas o comes justamente para vomitar?
P: Como a propósito para vomitar.
T: ¿Y en las comidas comes alimentos sanos o comes lo que más te apetece?
P: Soy muy indisciplinada, a veces me las salto y no tengo reglas para nada.
T: De acuerdo, por tanto las comidas no son regulares.
P: Exactamente.
T: ¿Y esto ocurre todos los días?
P: Últimamente todos los días. A veces consigo dejarlo, por ejemplo si estoy en casa de mi novio y estamos bien, y entre una cosa y la otra puedo tener cuidado pero si no, no. En casa no. Cuando estoy fuera y vuelvo a casa recaigo.
T: De acuerdo, ¿y te ocurre una vez al día o varias veces al día?
P: Últimamente, varias veces al día.
T: Felicidades, muy bien. Y después de leer el libro, ¿has tratado de poner en práctica alguna de las sugerencias o has esperado a venir a verme?
P: Lo único es esperar para vomitar, pero no lo consigo y no me gusta, porque si sé que tengo que esperar y que empieza la digestión…
T: Como todas tus colegas.
P: Sí. He intentado escribir, de hecho incluso he escrito una notita que he traído por si no me acordaba, pero...
T: De acuerdo, bien. ¿En todo este período ha habido alguna vez una interrupción? ¿Siempre has comido y vomitado?
P: Sí.

Preguntas estratégicamente orientadas

Investigación sobre las soluciones intentadas

Búsqueda de excepciones

T: Así que tienes una buena relación con tu amante secreto, él no te engaña nunca y tampoco enloqueces pensando que está con otras mujeres guapas, más guapas que tú.

Paráfrasis reestructurante con imagen analógica para evocar sensaciones

P: Sí. *(ríe)*

T: Siempre está ahí, fiable, cuando lo necesitas, él está.

P: Sin embargo el problema es que muchas veces cuando como ocurre tres o cuatro veces al día, no sé por qué. Me quita tiempo, me cuesta un esfuerzo. El lunes tengo un examen y esta mañana también he vomitado, después de la comida he vomitado. Me exige tiempo, me quita tiempo para mí. Yo era una persona que prestaba mucha atención al físico, y últimamente me doy cuenta de que no me preocupo a pesar de que tengo un novio que lo apuesta todo a la imagen. Yo lo apuesto todo… no sé ni siquiera a qué.

T: *(ríe)*

P: Pero me doy cuenta de que…

T: Digamos que no apuestas a nada.

P: Es como si mi vida no tuviera sentido.

T: Pues bien, si has leído ese libro donde se expone claramente qué clase de trastorno es este, de manera diferente a como lo interpretan otros colegas, también habrás leído que es un trastorno cada vez más invasivo y que al final se acaba haciendo única y exclusivamente eso. Se extiende hasta poseerte por completo, y lo que en un principio para ti es un placer, el amante secreto, se convierte en un demonio que te posee por completo. Ahora bien, si queremos actuar sobre este trastorno tenemos dos posibilidades: hacer una intervención más rápida pero más dura o hacer una intervención más llevadera pero más larga. No de años. Ya sabes que solo hago terapias breves, hacemos diez sesiones y nada más.

P: ¿Y si no se solucionara?

Contrato terapéutico

T: Si en la décima sesión no veo resultados, te diré que no he sido capaz de ayudarte, por tanto haz un esfuerzo.

Es evidente que si en la décima sesión no hubiéramos terminado, seguiríamos hasta el final, pero tengo que ver resultados, ¿de acuerdo? Porque además, con personas como tú es muy fácil convertirse en cómplice. Les pasa a la mayoría de mis colegas. ¿De acuerdo?

P: Ya, porque cuando voy con Diana tengo la impresión de que no hago más que empeorar y no sé si con ella voy a solucionarlo. Me doy cuenta de que el tipo de análisis que he hecho hasta ahora, si bien por un lado me ha ayudado, por el otro me ha anulado.

T: ¿Te daba indicaciones directas para actuar sobre el trastorno?

P: No.

T: Así que solo coloquios.

P: No, además dice que el problema lo tengo con mis padres, sí, tampoco estoy bien con mis padre, sin embargo, ¡mis padres me dan tanto!

T: S., ninguna muchacha puede estar bien con un demonio que la seduce y la arrolla continuamente, dondequiera que vayas siempre irá contigo. De modo que evitemos echar la culpa a nadie, porque una vez hallado y perseguido el culpable, los problemas permanecen igual.

Imagen analógica para evocar aversión

P: Sí.

T: Epicteto, que era un sabio, decía: «Propio de ignorantes es el culpar a otros de las propias miserias. Aquel que se culpa a sí mismo de su infortunio comienza a entrar en el camino de la sabiduría; pero el que ni se acusa a sí ni a los demás, es perfectamente sabio». Evitemos culpar a nadie, ¿de acuerdo? Evitemos también las explicaciones. Busquemos antes las soluciones, serán estas las que nos indicarán las explicaciones más correctas, futura psicóloga, ¿de acuerdo? Te voy a hacer una propuesta. Tú lo has intentado, pero sin guía. La técnica fundamental para dejar de comer y vomitar es convertir el placer en tortura.

Aforismo para evocar sensaciones y definir los objetivos

P: No, no me lo diga... tengo que esperar media hora...

T: No, media hora no, una hora. Si sigues las indicaciones, este es el camino más rápido. Si no puedes hacerlo, iremos por el camino más llevadero, pero siempre vale la pena hacer un intento, porque si consigues seguirme de este modo, acabaremos mucho antes de lo que puedas imaginar, ¿de acuerdo?

Estratagema del truco revelado[1] *para introducir la prescripción*

P: De acuerdo.

T: De modo que tú te comprometes a que puedes comer y vomitar cuanto quieras y como quieras, pero cada vez que empieces a comer y comer, comer, comer, comer, cuando estés realmente llena y sientas el impulso irrefrenable te paras, esperas una hora exacta y luego corres a vomitar, ¿de acuerdo?

Prescripciones
Técnica del intervalo: hacer subir al enemigo al desván y quitar la escalera[2]

P: De acuerdo.

T: En segundo lugar, si queremos eliminar el círculo vicioso, no solo desde un punto de vista psicológico sino también fisiológico, debes evitar saltarte comidas. De modo que tienes que obligarte a realizar tres

Definición de las tres comidas principales: mientes diciendo la verdad[3]

1. Estratagema del truco revelado: es la estratagema más sutil, que se aplica cuando el otro conoce la estratagema. Se trata de transformar la lógica del truco oculto en la lógica del truco desvelado, o sea, crear una profecía que se autorrealiza (Nardone, Balbi, 2009; Nardone, 2004).

2. Hacer subir al enemigo al desván y luego quitar la escalera: se trata de aplicar la lógica de la creencia a un síntoma que funciona con esa lógica y se mantiene siguiendo el principio del placer. Permite transformar el síntoma en una palanca que favorece el cambio; el síntoma no se prohíbe (riesgo de *drop-out*), sino que se altera de tal modo que, a través del cambio de las sensaciones, modificaremos la creencia, produciendo como resultado final la extinción del trastorno (Nardone, Balbi, 2009; Nardone, 2004; Nardone *et al.*, 2011).

3. Mentir diciendo la verdad: estratagema que se aplica cuando no puedo decir la verdad por su naturaleza o no puedo aceptar una realidad tal cual es, sino que debo transformar una verdad en una mentira para hacer gestionable esa verdad, corriendo el riesgo en cambio de establecer una simetría con el interlocutor o con nosotros mismos (Nardone, Balbi, 2009; Nardone, 2004).

comidas fijas al día, luego puedes también vomitarlas, pero siempre debes tomar el desayuno, la comida y la cena, porque en las personas como tú el estímulo del hambre se transforma psicológica y automáticamente en el demonio, ¿de acuerdo?

P: ¡Engordaré, seguro!

T: Si haces lo que te digo es posible que te lleves una sorpresa interesante. Y además tienes que saber que detesto a las mujeres gordas, ¿de acuerdo?

Uso de la ironía para eludir la resistencia

P: *(ríe)*

T: En absoluto, ¿de acuerdo? ¡Al contrario! Y para que tengas más información que no está en ese libro porque han pasado ya 15 años... Estoy preparando una nueva edición. Las personas que comen y vomitan durante mucho tiempo... tú eres todavía joven y no notas los efectos, pero por lo general tienen la barriga como un acordeón, producen celulitis por todas partes porque de lo que comen solo quedan las toxinas: cuando vomito, vomito todo lo beneficioso, mientras que mi organismo reacciona como un cactus, retiene lo primero que como, es decir, las toxinas, se produce una deformación progresiva del rostro...

Imágenes analógicas para crear aversión

P: Creo que ya la tengo...

T: De hecho, empiezas a tenerla, se nota un poco... se te hincha por aquí debajo y aparecen esas gruesas venas terroríficas, la cabeza se alarga y se deforma, ¿entiendes? Por no hablar de los daños menos visibles que sufren el hígado, los riñones y el páncreas, que tienden a comprimirse, y sobre todo el hecho de que la tasa de mortalidad más elevada en los trastornos alimentarios no se da en las personas afectadas de anorexia —esta es la estadística de los ignorantes—, sino entre las que vomitan, porque mueren a causa de un colapso producido por una bajada de potasio.

Explicación de los efectos del trastorno para eludir la resistencia creando aversión

P: ¿Y cómo se produce esta bajada de potasio?

T: Cuando vomitas produces alcalosis, reduces el potasio en tu organismo, y si se produce una bajada de potasio, el corazón se bloquea, ¿entiendes? De modo que eres tú la que ha de decidir qué quieres hacer, ¿de acuerdo?

P: Tengo que hacer estas dos cosas, exactamente una hora después…

T: Corres a vomitar, sin ingerir nada durante esa hora, porque hemos de convertir el placer en tortura, ¿de acuerdo?

Revelación de los efectos: la estratagema del truco revelado

P: Y no tengo que saltarme ninguna comida.

T: Muy bien, y tienes que comer en las comidas.

P: Las dos cosas.

T: Veremos cómo respondes y luego ajustaremos el tiro, ¿de acuerdo?

P: De acuerdo.

T: Nos veremos dentro de dos semanas.

P: ¿Qué tengo que hacer?

T: ¿Con la doctora o con la secretaría?

P: Con la secretaría.

Cierre de la sesión

T: Ah, ve a la secretaría y concierta una cita.

P: De acuerdo.

T: En cuanto a tu doctora, no tengo nada en contra de otras psicoterapias, en el sentido de que mi trabajo es transversal, pero tienes que decidirlo tú, ¿de acuerdo?

P: Sí.

T: Bien.

P: Gracias.

Segunda sesión

P: ¿Puedo hablar o tiene que hacerme preguntas?

T: Por supuesto…

P: Bien, entonces, por un lado me sentí ya más libre cuando salí de aquí. Me desperté por la mañana y ya no pensaba en la comida.

T: Hummm…

P: Soy sincera, los dos primeros días no volví a hacerlo ni una vez, el domingo lo hice y luego hice la cosa esa de esperar, pero solo veinte minutos y me dio asco, mucho.

T: Ah, bastaron veinte minutos.

P: Muchas cosas han salido bien, pero hay otras que no he conseguido hacer. He comido en el desayuno, comida y cena, pero tengo que decir una cosa… durante el día tengo que hacerlo una vez después de la comida.

T: De acuerdo, veamos, perdona, desde un punto de vista numérico, ¿cuánto lo hemos reducido en dos semanas?

Indagación sobre los efectos de las prescripciones: disminución de los episodios

P: He pasado seis días sin, pero ¿por qué? Porque estaba en casa de mi novio, así que estaba con él, tranquila, y además tenía que dar las clases particulares a los niños, así que la primera tarde estuve ocupada, además he vuelto al gimnasio y ahora el gimnasio no me va bien con la cena porque ahora voy al gimnasio y acabo a las nueve y media, así que llego a las diez.

T: Puedes cenar a las diez, con tal de que te sientes a la mesa correctamente.

P: ¿Así que tengo que cenar?

T: Sí, porque después del gimnasio pasan demasiadas horas hasta la mañana.

P: Eh, pero comía siempre al regresar porque de hecho, quería decirle, he engordado 2 kg en estas dos semanas…

T: Ya, recuerda que el que come y vomita, si quiere dejar de vomitar, al principio si no está bien regulado lo asimila todo.

Crear aversión a la restricción

P: Ciertamente.

T: Porque tu organismo está acostumbrado a coger todo lo que puede mientras tú te atracas, y antes de que vomites, por tanto hay que reeducarlo, ¿de acuerdo?

P: Sí.
T: Porque es importante comer en las tres comidas.
P: Ya, comer en las tres comidas significa que no debo comer entre horas, ya lo sé.
T: ¡Muy bien! Y evitar los atracones. Cuando haces una comilona asimilas durante la comilona.
P: O sea, durante el atracón…
T: Que se ha reducido.
P: Sí.
T: ¿Has visto que te lo habíamos anticipado?
P: Que ahora hasta me fastidia pensar en ir a vomitar, o sea, hoy ha vuelto a pasar pero, me daba, o sea… he comido porque mi padre llega a las doce y cuarto, de modo que como con él, y a la una y media llegan mis hermanos, además él tiene sus cosas…

Indagación sobre los efectos de las prescripciones: reducción en cantidad de los atracones

T: ¡Y vas!
P: Eh, y luego me ocurre, porque si no fuese por eso podría seguir y todo iría bien.
T: Si no fuese por eso, de acuerdo, pero ¿quién te impide evitar estar en la mesa con tu hermano?
P: Ah, bueno, tendría que comer más tarde.
T: ¡Pero si me has dicho que comes con tu padre!
P: Ya, porque llega a las doce y cuarto.
T: Así que haces compañía a tu padre y comes con él.
P: Sí.
T: Y luego llega tu hermano y también comes con él.
P: Ya *(ríe)*, pero no es exactamente que coma, estoy con él y tiene todas esas porquerías y algo como.
T: *(ríe)*… ¡porquerías!
P: ¡Oh, perdón!
T: No, no, está bien, son porquerías.

Comunicación para sintonizar

P: *(ríe)*
T: Pero, últimamente, cuando lo has hecho todos los días después de comer…
P: Todos los días, no, ¿eh? Es decir, fíjese, cuando la primera tarde voy al gimnasio y tengo las clases con

los niños, no lo hago, ha habido días en que no lo he hecho y he cenado tranquila.

T: Hummm… pero quería decirte que de todos modos en estos casos tienes que mantener la norma de vomitar una hora después. ¿Aunque con solo veinte minutos has notado el efecto?

Recordatorio de la adhesión

P: Sí.

T: Transformar el placer en aversión es el único modo de liberarte del problema.

P: Esperar una hora.

T: Al principio, luego aumentaremos, si no paras.

P: Y tengo que seguir haciendo las comidas…

T: Sí, vamos a ver exactamente. ¿A qué hora desayunas habitualmente?

Indagación sobre el régimen de comidas

P: Ahora tengo exámenes, por la mañana a las siete, a las ocho.

T: Bien. ¿Y qué comes en el desayuno por la mañana?

P: Un yogur, una tacita de café con dos galletas, esto es todo.

T: ¿Y luego?

P: Luego, a las diez tengo hambre y cojo una manzana, al cabo de una hora cojo otra, luego otra, luego a la hora de comer no es que tenga mucha hambre, pero llega mi padre y como con él, luego llega mi hermano.

T: ¿Y con él qué comes?

P: Nada, voy a saludarle y él siempre tiene bollos o patatas fritas o mamá siempre hace pasteles en casa.

T: Pero ¿comes con tu padre o con tu hermano? No lo he entendido.

P: Con los dos. Es decir, si no voy a la cocina porque tengo que estudiar no hago nada, pero si voy como algo, porque Federico saca rebanadas de pan con Nutella o cualquier otra cosa…

T: ¡Ah! *(ríe)*

P: ¡Como es un hombre no engorda!

T: No, no, los hombres también engordan, pero más tarde *(ríe)*, ¡y es peor! Bien, ¿y por la noche?

Uso de la ironía que crea contacto

P: Por la noche voy al gimnasio, hacia las siete.

T: ¿Todas las noches?

P: No, antes sí, pero últimamente no puedo porque tengo exámenes continuamente.

T: Además sería demasiado obsesivo, ¿no crees?

P: Sí.

T: ¿Cuántos días a la semana vas al gimnasio?

P: Eh… cuatro.

T: Tres o cuatro está bien. ¿Vas siempre por la noche o vas también de día?

P: También voy de día, depende, cuando doy las clases me va bien ir después de comer.

T: De acuerdo, y en ese caso comes a mediodía y vas después y no comes y vomitas.

P: No.

T: ¿Y eso qué te indica?

Redefinición como descubrimiento conjunto: el vómito quita espacio al placer

P: Que he empleado el tiempo de otro modo.

T: Sí, que has sustituido una cosa por otra.

P: Sí, es cierto.

T: Bien, no te digo que vayas siempre al gimnasio después de comer, pero podrías alternar, dos y dos, de este modo nos aseguramos que esas dos veces…

P: En realidad lo he hecho así estas dos semanas.

T: Entonces las dos veces que vas por la noche, como tú comes temprano… pero veamos, vamos a organizarnos bien… para tener una alimentación que no te ponga en situación de reserva y por tanto lo asimiles todo, no deben transcurrir más de seis horas entre una comida y la otra, si comes a las doce y cuarto con tu padre y luego vas al gimnasio sin comer nada…

P: No, yo como.

T: ¿Qué comes?

P: Un yogur y un plátano a las cinco. Dos horas antes,

porque tengo un problema en la espalda y tengo que ir al gimnasio.

T: Sí, de acuerdo.

P: Antes, cuando no vomitaba, comía y luego tomaba el plátano a las cinco, a las siete iba al gimnasio, luego a las nueve…

T: Bien, por tanto cuando vas al gimnasio lo haces así, pero tienes que cenar aunque vuelvas a las diez.

P: A las diez…

T: Tienes que comer, porque si no hasta la mañana transcurre demasiado tiempo, estás en situación de reserva, lo asimilas todo. Ahora bien, la mayoría de las personas que no desean engordar o lo desean se equivocan, es una creencia inspirada en una pésima información nutricional. Si como menos no quiere decir que adelgace, al contrario. Si estoy por debajo de las 1 000 calorías, mi organismo se defiende y lo asimila todo más. La primera vez que como algo, mi organismo lo absorbe rápido, pero no solo esto, sino que retiene también las cosas que no debería retener, o sea, las toxinas, que significa celulitis en abundancia, ¿entiendes? De modo que una muchacha como tú, de tu estatura, y no eres enorme, debería comer a diario unas 1300-1 400 calorías, ni por debajo de las 1 300 ni por encima de las 1 500 haciendo ejercicio como haces tú, distribuyendo el alimento en tres comidas, más alguna cosa, como cuando vas al gimnasio, así que son cuatro a lo largo del día.

Redefinición de los hábitos alimentarios con definición de un programa personalizado.

P: De acuerdo.

T: Por ejemplo, por la mañana, en vez de hacer tres o cuatro pausas, que suena un poco a obsesión, tendrías que hacer un desayuno más abundante y comer solo a las doce y cuarto. Esto sucederá cuando vayas al gimnasio de día, ¿de acuerdo?

P: En ese caso me doy cuenta… ¿con qué asocio la comida? Con el estudio, y entonces me entra el desánimo porque voy atrasada, y me digo vamos a comer una manzana, que me gusta mucho...

T: Es cierto que las manzanas te gustan mucho, pero esto también es peligroso, porque no se avanza solo con manzanas.

P: Ya, lo sé, lo sé. Es cierto.

T: O sea, la manzana puede ser el tentempié a media mañana, pero tiene que ser además de lo que comes, ¿de acuerdo?

P: Por tanto...

T: Por tanto tu desayuno ha de ser más abundante.

P: Por tanto si empezase una especie de... no una dieta, sino una educación alimentaria...

T: Te la estoy indicando. Por la mañana es el único momento en que puedes comer tranquilamente dulces porque los quemas todos, en la comida puedes poner tranquilamente carbohidratos porque los quemas, por la noche deberías tomar proteínas y verduras, ¿de acuerdo?

P: De acuerdo.

T: Ahora bien, si se come así de sano, para llegar a las 1400 calorías se come un montón. Haz números... un yogur, un café y dos galletas es poco, porque comes 150 calorías, ¡claro que luego tienes hambre! Dos manzanas por la mañana son otras 150 calorías, y van 300. ¿Qué comes a mediodía?

P: Una hamburguesa pequeña y un poco de ensalada.

T: Perfecto. ¿Y cuántas calorías son?

P: Pocas.

T: Poquísimas, porque una hamburguesa pequeña son 150 calorías, la ensalada 30, 50 calorías, y van 200. Y por la noche, ¿qué comes habitualmente?

P: Por la noche es más difícil, por lo general *bresaola*, ensalada, porque me doy cuenta de que aunque voy al gimnasio no tengo mucho músculo.

T: No tienes mucho músculo, ¡lo creo! ¡Estás consumida!

O sea que te comes otras 200 calorías. De modo que en un día consumes 800 calorías, a lo sumo.

P: Más cuando hago comilonas…

T: Comes esas porquerías y tu organismo absorbe esas porquerías mientras las comes.

Crear aversión a la conducta alimentaria anterior

P: *(ríe)*

T: ¿Entiendes? Tenemos dos enemigos desde esta perspectiva, el primero es el vómito, y en esto debes seguir la regla: «¿Quieres vomitar? Una hora después del atracón». Una hora, ¿de acuerdo? Se ha de romper la lógica.

P: Se ha roto ya un poco la lógica.

T: Sí, pero porque al principio sabías que tenías que esperar una hora, luego has esperado veinte minutos y has visto que es un asco, ¿no? Ahora tienes que llegar a una hora, y te darás cuenta, como ya has comprobado. Te adelanto la profecía: tienes miedo de engordar en esa hora por lo que has comido y la próxima vez comerás menos, pero si comes menos no necesitas vomitar. Poco a poco nos autorregulamos, ¿entiendes?

Anticipación de la prescripción para eludir la resistencia

P: De acuerdo.

T: Bien, ahora tenemos que hacerte comer 1300-1400 calorías diarias, ir al gimnasio cuatro veces por semana y acabar con los vómitos. Así que por la mañana, si quieres, puedes comer dulces además del yogur. A media mañana, si quieres, una manzana, repito, una como un tentempié, no dos o tres.

P: Y luego la comida.

T: Conoces el dicho: «Una manzana al día mantiene alejado al médico»… Solo una.

P: *(ríe)*

T: Si son tres vas corriendo al médico.

P: *(ríe)*

T: Luego en la comida carbohidratos, pasta, arroz.

P: Y verduras.

P: ¿Qué cantidad de pasta debo comer?

T: 80-100 g. Empieza con 80 g, ¿de acuerdo? Mira, es la porción que sirven en los restaurantes. Esa obsesión por la balanza... los platos soperos están hechos para que en la parte honda quepa la ración de restaurante, 70-80 g, de modo que basta el plato normal, ¿de acuerdo?

Cierre de la sesión

P: Sí.

T: Bien, nos vemos dentro de dos semanas.

Tercera sesión

T: Y bien...

P: Teniendo en cuenta que el viernes cuando me marché aquella misma noche tenía ganas de vomitar, bah, tal vez por desquite, no sé...

T: *(ríe)* Se te dan bien los desquites, ¿eh?

Uso de la ironía que establece contacto

P: El sábado no lo hice porque estuve ocupada, estuve con mi novio y eso fue lo que pasó.

T: Hummm...

P: Luego fui a celebrar mi cumpleaños, de modo que nada.

T: ¿Cuántos cumpliste?

P: 21 años.

T: Nunca es demasiado tarde para tener una adolescencia feliz.

P: Es cierto. Lo pensé mucho y luego el domingo lo hice, pero esperé media hora y luego estuve cuatro días sin hacer nada porque... espere, le explico una cosa, como tenía exámenes quería estar concentrada, así que me fui a estudiar a casa de mi tía, allí puedo aislarme de Facebook, del móvil... allí no me llama nadie porque no hay teléfono fijo, de modo que muy bien. Pasé estos cuatro días tranquila, no pensaba porque estaba sola en una habitación que me aislaba de este pensamiento. Lo que pasa es que el jueves, como mi tía es muy… te cebaría… ¡todos son así en mi familia!

T: El amor se demuestra en la mesa, dicen.

P: Sí, pero no de otro modo…

T: En las familias tradicionales se demuestra en la mesa.

P: Perfecto, mi padre siempre me lo ha demostrado así y me sigue diciendo que tengo que comer, tengo que comer. Ocurrió que un día mi tía me había dado demasiadas cosas y yo no quería, pero tenía que hacerlo… poco después vomité, y no es que hubiera comido mucho, luego todo marchó bien. Todo bien hasta que, los últimos dos días, hice el examen y me relajé.

T: Te relajaste. ¿Y cómo fue el examen?

P: Mal. En el anterior saqué un 30 con mención de honor, en este solo he sacado un 30 sobre 80. Lo tuve que preparar en dos semanas.

T: ¿Con quién lo tuviste?

P: Con S., ¿la conoce?

T: Bueno, un poco…

P: De hecho también me interesa su campo.

T: Bien.

P: Por tanto, nada.

T: ¿Qué nota sacaste?

P: 20 en el escrito y 23 en el oral.

T: Bien. En el oral qué te puso, ¿23 de nota final?

P: Sí, por lo general tres puntos son mucho.

T: Significa que ¡el oral te salió muy bien! Excelente.

P: Pero tengo las clases, estoy desbordada, siempre tengo demasiadas cosas que hacer.

T: ¡Ay de ti si no las tuvieras!

P: No, estaría mal si no las tuviera.

T: Ay de ti si no las tuvieras. Tú eres de esas personas que necesitan hacer muchas cosas, y si te paras no respiras.

Imagen metafórica para sintonizar

P: ¡Bravo!

T: Gracias. Y si te paras tienes que seguir nadando, tienes que estar siempre en movimiento.

P: Sí, sí. Mi madre siempre me lo dice: «¡Tú no puedes estar quieta!».

T: Bien, las personas más constructivas son las que a esa edad, por suerte para ellas, no pueden estar quietas.

P: Ah, de acuerdo. Si es positivo, de acuerdo.

T: Hay que orientarlo hacia la constructividad y no hacia la destructividad. O sea, ¿estás diciendo que en dos semanas solo ha habido cuatro episodios? En uno has esperado media hora, ¿y en los otros?

Indagación sobre los efectos de la prescripción: técnica del intervalo

P: En los otros, no. Porque también tengo que decirle que el miércoles hice el examen, martes y miércoles por la tarde quería estar sin hacer nada, de modo que me puse a limpiar la habitación y me metí en la cama, pero sé que no lo consigo, porque estoy acostumbrada a estudiar y me puse a comer una manzana, luego otra, y otra...

T: Eh...

P: Pero, doctor, ya no me pego aquellos atracones, por ejemplo, por la tarde como demasiado y luego decido ir a vomitar.

T: Pero no es un atracón.

P: No, no, de hecho esto no me va.

T: O sea que podrías...

P: Dejarlo, controlarme...

T: Evitarlos y, por tanto, como habíamos quedado, comer solo en las tres comidas.

P: Es difícil, porque es como si lo tuviera en la cabeza.

T: No es como si, es que lo tienes en la cabeza, es así. Pero recuerda que el objetivo final de cualquier trastorno alimentario, puesto que quieres ser psicóloga terapeuta, es que la persona aprenda a comer con placer sin engordar, este es el objetivo, y para llegar a ello hay que aprender a comer en las tres comidas

Recordatorio de la regla de las tres comidas con anticipación del objetivo final

lo que nos gusta más, pero única y exclusivamente en las tres comidas.

P: Única y exclusivamente en las tres comidas.

T: Si una persona aprende a hacer esto, acaba con cualquier trastorno alimentario. Única y exclusivamente en las tres comidas, y tienes que imponerte la norma de que todo lo que comas fuera, si tienes ganas de vomitar, una hora después y debes respetarla.

Recordatorio de la observancia de las prescripciones

P: Es que en casa es difícil.

T: Sí, pero, S., si haces esto llegamos al final antes de haber recorrido el camino y eres capaz de hacerlo, creo yo, porque una persona que en dos semanas consigue tener solo cuatro episodios o cinco puede lograrlo. Porque las que no lo consiguen son las que no logran evitarlo todos los días. En estos casos hay que decir: «Come y vomita una hora después, dos horas, tres horas después» o usar otras técnicas, pero tú que solo has tenido cuatro o cinco episodios en dos semanas, puedes lograrlo.

P: Pero hay que tener en cuenta que he tenido estos episodios porque me he alejado de casa.

T: Olvídate de los episodios y de los porqués. Todo depende de ti. Dondequiera que vayas y con quienquiera que estés, todo depende de ti. La comida es un placer y no un deber, y en cambio tú quieres vomitarla como placer porque temes perder el control. Cada vez que te concedes el placer, tiene que haber placer, pero tiene que haber vómitos, en cambio, si pones el placer en las tres comidas, lo controlas pero te lo concedes, te lo concedes pero lo controlas.

Atribución a la persona de la responsabilidad del cambio

P: Por tanto, ¿puedo conseguirlo?

T: Sí, es un control en la concesión del placer.

P: Es un control en la concesión del placer.

T: ¿De acuerdo? Pero te comprometes a que todo lo que comas fuera de las comidas puedes vomitarlo una hora después.

P: Porque en realidad me sentía como una idiota cuando vomitaba una hora después.

T: La prescripción está hecha a propósito, para transformar el placer en una cosa desagradable. Este es el objetivo final. Ánimo, futura psicoterapeuta.

Anticipación de los efectos de la prescripción: la profecía que se autorrealiza

P: Entonces, para la próxima vez…

T: Pero quiero que comas solo en las tres comidas, como ya te dije la otra vez, 1300-1500 calorías, pero han de ser comidas hechas con las cosas que más te gustan, así no caes en la tentación fuera de las comidas. Si en las tres comidas comes cosas dietéticas y que no te gustan, la tentación se te presenta fuera.

Del régimen alimentario estructurado a la DIETA PARADÓJICA[4]

P: ¡Pero si a mí me gusta todo!

T: Ya lo sé, pero come lo que más te guste. Habrá algo que te guste más, ¿no?

P: O sea, en las tres comidas lo que más me guste. Solo en las tres comidas. Entendido.

T: Bien, nos vemos dentro de dos semanas.

Cuarta sesión

P: Y bien…

T: Has empezado tú sola, ¡muy bien!

Indagación sobre los efectos de la prescripción del intervalo

P: Ayer estaba muy enfadada porque esta semana, seis veces. Ahora le explico lo que ha sucedido. En realidad, como era fiesta he estado con mi novio, se ha casado mi prima, casi no he parado en casa, o sea que entre una cosa y la otra he estado estupendamente,

4. Dieta paradójica: se trata del punto de llegada del tratamiento de los trastornos alimentarios, o sea, un control de la alimentación basado en el placer y no en el control forzado. Y esto con el objetivo de obviar el efecto paradójico de cualquier dieta obligada, esto es, el intento de control que conduce a la pérdida de control. La estructura de la dieta paradójica está explicada con todo detalle en la obra *La dieta de la paradoja* (Nardone, 2009).

es decir, por lo menos no me siento ni siquiera «enferma». Ocurrió en la boda de mi prima, el sábado, apenas comí a mediodía porque estaba en su casa, casi nada, pero precisamente porque quería…

T: Este es el drama… cuando uno sabe que comerá y ayuna antes. Ya ha preparado el atracón. Pero de esto hablaremos después, sigue.

Evocar aversión al ayuno

P: Y por tanto esperé una hora, pero no me ocurrió nada que… no cambió mucho. Esperé una hora, luego regresé a casa y como todavía no me sentía llena me dije… nos había dado recipientes con comida… y me dije, vamos, total, ya que estamos… es como si se me disparara la dinámica, luego nada… me dije, S., si sabes que se te dispara de nuevo esto, vete un ratito con él, porque yo cuando estoy con él estoy tranquila, porque miramos una película, siempre encontramos algo que hacer. Además ahora no tengo que estudiar. Volví a casa y me volvió a suceder. Pero tengo que decirle una cosa. Esperé y no quería vomitar, me forcé a mí misma a hacerlo porque me decía, y qué te importa, S., ¡esta noche comerás menos!

T: Ah, algún principio de cordura estaba actuando en tu interior…

P: Sí, pero no lo conseguí porque me dije: eh, vas a engordar, de modo que tuve que ir…

T: Sin duda.

P: De modo que dos veces el mismo día, y luego al día siguiente después de comer lo mismo porque tenía… qué sé yo por qué… se me disparó de nuevo esta cosa… y ahora le explico también esta cosa, porque he entendido por qué tenía esta hambre incontrolable, porque me tenía que venir la regla, y de hecho me ha venido esta mañana…

T: O sea que estabas en plena tormenta hormonal.

P: Sí, sí, en realidad no me lo explicaba porque en estos períodos siempre conseguía estar tranquila o por lo menos no pensaba en ello… luego se me juntó con dolor de barriga y ayer estaba neurasténica, lloraba, y total… para prevenir me dije, no te quedes en casa, porque si estoy en casa tengo miedo, y me fui a casa de mi novio, cenamos juntos, tranquilos y es que… yo, doctor, si no estoy en casa soy una persona normal. Porque incluso ayer me decía, S., tú eres una persona competente, haces voluntariado con los ancianos, das clases particulares, vas a la universidad y eres buena, no me falta nada y entonces por qué no consigo…

T: Por lo general el que come y vomita es una persona que tiene de todo y más. No le falta nada, tiene incluso demasiado y tiene más cosas que ha de controlar, ¿entiendes? Más cosas quiere decir necesidad constante de nuevos estímulos…

P: Sí…

T: Pero de todo lo que has dicho ¿sabes que hay un aspecto realmente importante? Has vomitado seis veces en vez de cuatro, ¿no? La otra vez cuatro, esta vez seis. Y lo has hecho, si no he entendido mal, dos días seguidos.

P: Sí.

T: Y han sido seis veces porque hubo dos días que repetiste. Pero, si no lo he entendido mal, vomitaste siempre al cabo de una hora…

P: El sábado sí, al cabo de una hora, luego media hora después, total estaba en casa… y las otras veces, al cabo de veinte minutos, media hora.

T: Oh.

P: Y entonces me dije: qué vas a vomitar… total…

T: Pero lo interesante es cuando has dicho que al cabo de una hora tuviste que forzarte para ir a vomitar y que el pensamiento era: «Esta noche comeré menos».

Paráfrasis reestructurante: redefinición de los efectos de la prescripción con anticipación de los efectos a largo plazo

P: Sí. No, en casa…

T: Esto te indica cuál es nuestro objetivo…

P: Regularse.

T: El objetivo es que si yo vomito una hora después, dos

horas después, tres horas después, como te indicaremos que hagas, por una parte empezarás a comer menos porque tienes miedo de engordar, pero por otra parte se te pasarán las ganas de vomitar.

P: En realidad no tenía ganas de vomitar. Cuando como, luego me arrepiento… Madre mía, qué rollo, ahora tengo que vomitar, pero estoy empeñada en ir a vomitar, porque me digo, ¡no, que te engordas!

T: De acuerdo, pero si ahora queremos el vómito, que fundamentalmente te expone a engordar de verdad, porque cuando vomitas lo que comes luego lo asimilas todo... porque tu organismo es como un cactus en el desierto...

Metáfora para evocar sensaciones

P: Hummm… pero comiendo de forma regular no he engordado…

T: Muy bien… ¿has visto? ¿Has comido en las tres comidas lo que más te gusta?

Indagación sobre los efectos de la dieta paradójica

P: Sí, bueno, por la mañana no porque tengo una hora...

T: Sí.

P: Pero desayuno fuera.

T: Desayunas fuera. Y comiendo de forma regular ¿no has engordado?

P: No.

T: Fíjate. Y tenías terror a engordar… El camino ahora es comer en las tres comidas lo que más te gusta para que te autorregules. Cada vez que sientas la necesidad de vomitar tienes que hacerlo al cabo de una hora, pero puedes no hacerlo.

Ilusión de alternativas en la prescripción de la profecía que se autorrealiza

P: Ah, también puedo no hacerlo… Me preguntaba, ¿cuál es mi objetivo? No vomitar más…

T: Desde luego.

P: Por tanto, si ya no tengo ganas de vomitar tengo que obstinarme en no ir…

T: Obstinarte, no, puedes decidir no ir. Has tenido el empeño de hacerlo. Puedes decidir: si no me apetece puedo no hacerlo.

La redundancia para amplificar la colaboración

P: Sí.

T: Si eliges esta opción espontáneamente te autorregulas respecto a la cantidad de lo que comes. Porque ya no tienes la vía de salida del vómito.

P: Porque en realidad hoy he llegado y he comido con mi hermano y he comido porquerías, porque al final he comido porquerías… cómo se llaman, los palitos Findus, crepes con setas… pero me he controlado. Luego he comido salsa de tomate, porque me gusta la salsa de tomate. Daba asco, pero, quiero decir… he comido solo eso y luego no tenía ganas.

Explicación de los efectos positivos de la dieta paradójica

T: Muy bien, este es el sentido. Y si te permites comer las cosas que te gustan más, aunque al principio son porquerías, más tarde tus gustos cambiarán, porque será tu cuerpo el que te pida lo que te conviene haciéndote sentir qué es lo que deseas. De modo que nuestro objetivo es que en el plazo de unos meses llegues a comer lo que más te gusta, o sea, lo que te irá mejor para estar en forma, porque te lo dictará tu organismo, si le dejas tiempo y espacio para autorregularse, cosa que estropeamos con las dietas, que no están basadas en la autorregulación sino en la idea de alguien que dice: estas son las calorías y estos son los alimentos. En cambio, nuestro cuerpo lo sabe, si se lo dejamos hacer...

P: … hacer… ya sé…

T: Por tanto, la cuestión es: eres perfectamente consciente. Quiero las tres comidas.

P: ¿Aunque duerma por la mañana?

T: Sí, ¿a qué hora te despiertas?

P: A mediodía… porque la próxima semana empiezan las clases.

T: Ah, entonces te despertarás a las ocho, a las nueve…

El descubrimiento conjunto como experiencia emocional correctiva: podrías no vomitar

P: Depende, sí…

T: Por tanto, desayuno, comida y cena. Y puedes no vomitar, que sería lo mejor.

P: Puedo no vomitar…

T: Sí, bien. Mira, si lo piensas bien, ¿hace dos meses se te hubiera ocurrido la idea: «No tengo ganas de vomitar»?

Cierre de la sesión

P: No…

T: Bien.

Quinta sesión

(La paciente se presenta espontáneamente con la madre)

T: La doctora es mi ayudante. Esta señora es la madre, ha dicho que la ha traído como refuerzo y como supervisión. Ahora veremos.

P: Me lo ha pedido ella.

T: Bien, es importante que esté. Si lo pide es importante. Empecemos.

P: Nada, volví a la universidad, y por la tarde… no sé, comí y volví a vomitar. Pero me encontré mal y me dije, ¡basta de esta historia, S.! O sea, luego se lo dije a ella y hablamos y pensé, está bien, la llevo.

Indagación sobre los efectos de la prescripción

T: Desde luego, es una ayuda más.

P: Es una ayuda para solucionar, o sea, últimamente no he vuelto a vomitar.

T: Ah, entonces ¡aquella ocasión te sirvió de algo! ¿Desde cuándo no vomitas?

P: Creo que desde el Día Internacional de la Mujer.

T: Ah, ¡de modo que el Día de la Mujer sirve para algo! ¡Tengo que rectificar!

P: Sí, porque aquella noche, sabiendo que cuando uno vomita luego lo asimilas todo, ¡comí muchas porquerías!

T: ¡Lo asimilas todo y más!

P: Pero es que comí muchas porquerías en la cena, no pasa nada, ¡qué más da!

T: *(ríe)*

M: Perdona, sobre todo es ella la que me pidió que viniera y yo he venido porque nunca me lo había pedido, pero quería saber, es decir, si puedo tener una postura distinta, porque, bueno…

T: Ya se lo diremos. Si usted está aquí para ayudarnos, le daremos las indicaciones oportunas. Pero sigue contándome.

P: Lo que ha ocurrido es que voy mucho a la universidad y no estoy nunca en casa, pero cuando he estado en casa no me ha vuelto a ocurrir, al contrario, tenía ganas de comer la ensalada con la pechuga de pollo porque había ido al gimnasio y todo lo demás. Por ejemplo, hoy, qué ha pasado, he comido y he ido a casa de mi abuela, que es una señora que hace todas las cosas en casa…

T: Buenas…

P: Pero luego he vuelto a casa y me he puesto a comer, de hecho he cogido galletas con chocolate, la Nutella y las he metido en el café. Y me he dicho: S., ¡para! Porque pensaba, S., son cosas que ya has comido…

T: Hummm.

P: Si me tenía que poner a vomitar y a atracarme era demasiado pesado, por tanto, me he dicho: ¡para! De todos modos, la idea la seguía teniendo, pero…

Del intento de control que hace perder el control a la concesión de la pérdida de control que refuerza el control: la desaparición del vómito

T: Te has controlado.

P: Me he controlado.

T: ¿Cómo te lo explicas?

P: No lo sé…

T: ¿Qué está cambiando en ti para tener el control de lo que para ti era imposible de controlar y de dominar?

P: Tal vez estoy encontrando otras cosas, fuera de la comida…

T: Sí, y tal vez las estás encontrando porque le hemos quitado a la comida el significado que antes tenía.

Redefinición con explicación de los efectos

P: Sí, pero no sé si…

T: Despacio, despacio. No hay que hacerse ilusiones. No obstante, desde el 8 de marzo no vomitas. Por tanto, aquella vomitona que te sentó tan mal fue útil.
P: Perfecta...
T: Perfecta *(ríe)*. Y la idea de que se come y luego se engorda más funciona ¿no?
P: Sí... pero el Día de la Mujer después de haber vomitado fui a cenar, luego comí...
T: Claro, porque probablemente estabas completamente exhausta y tu organismo necesitaba...
P: Eh...
T: Pero las porquerías ya las habrías digerido, ¡y en cambio las comiste todas!
P: Pero ahora, a diferencia de antes, si como y luego me sé controlar... o sea... que también me ocurría antes. Antes del 8 de marzo también vomité dos veces en un día, porque entonces se instaura el mecanismo, y además cuando estoy sola en casa...
M: Sobre todo, o al menos es lo que me dice...
T: Sí, pero, sabe, si uno tiene que pensar en no quedarse nunca solo porque entonces come y vomita quiere decir que hemos fracasado con la terapia.
P: Esto es lo que me da un poco de miedo.
T: De acuerdo, pero ahora, en estos nueve días, ¿alguna vez te has quedado sola o no te ha ocurrido nunca?
P: Nunca me ha ocurrido, o sí...
T: En 11 días ¿siempre has estado vigilada?
P: Sí, puedo haberme quedado sola pero iba a la biblioteca a estudiar, quiero decir...
T: De acuerdo, o sea, cuando quieres hacerlo, ¿esperas que llegue la ocasión o la creas?
P: ¡La creo!
T: Entonces en estos 11 días no la has creado.
P: No, más bien he tratado de hacer lo contrario.
T: Has procurado no crearte la ocasión.
P: Por supuesto, por supuesto.

T: Bien, es lo que tienes que hacer. Se ha roto un modelo, ahora debemos procurar no reconstruirlo. Y reconstruirlo es facilísimo.

P: Eh…

T: Basta ponerse de nuevo en las mismas condiciones, S. Porque cuando tenemos una especie de compulsión agradable, repetida en el tiempo, basta afinar de nuevo y comienza otra vez la sinfonía.

Un miedo mayor contra el miedo actual para anticipar las recaídas

P: Y en realidad ocurre de nuevo una vez e inmediatamente vuelve a suceder…

T: Inmediatamente sucede esto. Por tanto, lo que me parece realmente importante es que tú ahora has visto que eres capaz, si quieres, de no crear la situación. Ahora debes preguntarte: «¿Cuáles son las formas seguras de crear de nuevo la ocasión?».

P: Estar sola en casa…

T: No solo eso. Predisponerte a estar sola en casa para crear la situación. ¿De acuerdo? Porque si yo no estoy bien en casa sola, hago algo, llamo a alguien… en cambio si me predispongo a estar sola en casa y a tener un encuentro con mi amante secreto…

P: Hummm… *(asiente)*

T: Bien, ¿cuáles son las otras formas seguras de crear la ocasión?

P: No tengo ni idea.

T: Muy bien, esto es lo que tienes que preguntarte. Ahora el paso siguiente a la ruptura del guion es preguntarse: «Si estuviese tan loca como para volver atrás voluntariamente, ¿qué tendría que hacer o no hacer?». Si quisieras estropearlo todo y volver atrás.

P: No, pero si yo no quiero…

T: De acuerdo, pero si quisieras, racionalmente, ¿qué harías?

P: Estar en casa, no hacer nada.

T: Bien, lo que quiere decir actuar de modo que te encuentres en esa situación. Es una pregunta que tienes que plantearte todas las mañanas. Pensando en el día que te espera te has de preguntar: «Si quisiera volver atrás y echar a perder todo, ¿cómo lo haría hoy?». Y contempla todas las posibilidades, porque es el mejor modo de crearte aversión a esas cosas. Y hacerlas de forma diferente, ¿de acuerdo? El mejor modo de evitar una recaída es imaginar las maneras de recaer.

CÓMO ECHAR A PERDER TODO: si quieres enderezar algo, primero aprende a retorcerlo aún más[5]

P: Pero, quiero decir… es normal que… o sea, últimamente me estoy organizando mucho… me despierto por la mañana, voy a la biblioteca a estudiar, cuando sé que ellos no están, así puedo concentrarme…

T: Chiquilla, pero si una no tiene el problema y quiere obtener resultados en la vida, ¿qué hace? Hace esto. Tú antes no lo hacías porque tenías que concertar la cita con el amante secreto.

P: Es cierto.

T: En este momento, desde mi punto de vista, estás haciendo exactamente lo correcto. Antes evitabas hacer lo correcto para hacer lo incorrecto. No es que ahora hagas cosas extraordinarias, ¿entiendes? Estás, como bien has dicho, evitando crear las circunstancias.

P: Y además, otra cosa, hablo mucho más…

T: Lo creo.

P: Quiero decir que me acuerdo de que antes hablar era algo que me distanciaba de poder hacer aquello. Ahora, en cambio, invertimos la situación, ponemos un poco más de interés en la conversación de modo que…

5. Si quieres enderezar algo, primero aprende a retorcerlo aún más: se trata de una estratagema útil en las situaciones en las que cuanto más buscamos la solución, menos la encontramos. El clínico orienta los esfuerzos del paciente en la dirección opuesta a la deseada con dos resultados posibles: 1) la construcción de una realidad orientada a la solución (creo de la nada comportamientos diferentes); 2) la identificación, en primer lugar, de las formas de empeorar una situación y, por consiguiente, de su posterior evitación (Nardone, Balbi, 2009; Nardone, 2004).

T: Muy bien, cuanto más ocupes el espacio con la relación y con el contacto ¡menos necesidad tienes de llenarlo con aquella cosa! ¿Te das cuenta de que una planificación estratégica…?

Anticipación de los efectos de cómo echar a perder todo para vencer la resistencia: la estratagema del truco revelado

P: Hummm, hummm… *(asiente)*

T: Entonces para mejorar más todas las mañanas debes preguntarte: «¿Cómo podría echar a perder todo hoy?». Una vez que hayas visualizado todas las formas posibles de estropearlo, ¡evítalas! Al contrario, se te ocurrirán cosas para mejorar, ¿de acuerdo?

P: De acuerdo.

T: Ahora, la postura de la madre ha de ser simplemente acoger, ser cómplice de este proyecto, pero evitando preguntar. Si la hija quiere hablar escuche y hable con ella, pero evitando dar consejos, ¿de acuerdo? La madre en este momento escucha, pero evita dar consejos.

A la madre, que escuche evitando dar consejos: observar sin intervenir

M: Solo le dije una vez lo mismo que había dicho ella sobre el daño que se puede provocar. Lo único que puedo decir es que…

T: Desde este momento evitemos todo esto, ¿de acuerdo? Ella va por el buen camino. Lo único que hay que hacer es facilitarle la nueva construcción tras haber roto la anterior. ¿De acuerdo? Tienes grandes proyectos para el futuro, ¿no?

P: Desde luego…

T: ¡Adiós! ¡Hasta la vista!

Sexta sesión

T: Y bien, futura doctora, ¿cómo han ido las cosas?

P: En realidad tengo que decir varias cosas…

T: Adelante…

P: Bien, quedé en que había estado 15 días sin hacer nada, hemos estado cuatro semanas sin vernos, han sucedido dos cosas, dos veces, una cuando estuve

Redefinición del vómito como sedante, ya no agradable

mal por mi novio porque tenía que marcharse por Pascua, porque no sabía…

T: Utilizaste el sedante.

P: Utilicé el sedante.

T: ¿Qué ocurrió? ¿Se marchó solo sin ti?

P: Sí, porque yo tenía que estudiar en Pascua, tenía el módulo de fundamentos, de modo que no podía permitirme…

T: Eres una muchacha responsable y te quedaste a estudiar.

Crear alianza con el uso de la ironía

P: Sí, así es.

T: ¿Y él? ¿El muy estúpido? Llamémosle así.

P: Se marchó.

T: No se quedó a hacer compañía a su novia tan sensata.

P: Es verdad. Por esto está bien que haga las cosas, pero, en resumen, ocurrieron ciertas cosas por las que… lo hice voluntariamente.

T: Lo buscaste.

P: Lo busqué. Otra vez lo busqué cuando me encontré sola en casa y también… lo busqué, porque tenía muchas ganas de comer, me había hecho a la idea de que estaba sola y sucedió. Pero ¿qué sucedió? El sábado de Pascua, el sábado antes de ir a misa, de repente le dije a mi madre: «Mamá, ¡he cambiado!». Ella me mira, nos miramos a los ojos, porque le había hablado de las consecuencias y me dice… he observado muchas cosas y se ha hinchado aquí *(señala la base del cuello)* y me entraron paranoias absurdas.

T: Está bien que las tengas.

P: Desde entonces le juro que ya no me ha cogido… además me entraba esta cosa de que ya no me gusto, y también otra cosa, el hecho de que… el hecho de la barriga que me esfuerzo mucho en el gimnasio para hacer abdominales y luego así… además otra cosa, ¿qué pasa si vomito? ¡Porque creo que estoy perdiendo masa muscular!

T: Es exactamente así, porque solo retienes las toxinas.

P: Y digo, a ti, S., la alimentación te ha de servir para modelarte el físico, ¡no para estropearlo! De modo que últimamente organizo los días así: por la mañana voy a la biblioteca, luego a la universidad, la noche antes me preparo un bocadillo con lo que yo quiero...

T: Bien.

P: Luego por la noche estoy siempre en casa a la hora de la cena porque ya no voy al gimnasio por la noche, prefiero ir después de comer, pero mamá prepara un pastel, ha estado dos meses sin hacer pasteles porque sabe que con los pasteles... recaigo, lo comí, lo comí a gusto, me di un buen atracón, pero no se me ocurría ir a vomitar y mamá me dice: «Sí, pero luego vas a vomitar...». «No, mamá, si como, ¡comeré menos al día siguiente!» ¿Y de qué me sirvió? La noche siguiente tuve cuidado, aunque tenía ganas lo dejé allí.

T: Bien, muy bien, así se hace. De modo que los dos episodios deseados, buscados, ¿fueron los de las primeras dos semanas?

P: Sí, después de Pascua, desde aquel sábado no ha vuelto a suceder nada.

T: Bien, estoy muy contento.

P: Porque me digo, S., es mejor que subas un kilito de más...

T: Ese kilito lo perderás al autorregularte...

P: Hummm...

Imagen evocadora para ratificar un acuerdo

T: Quiero decir que cuando una persona ha comido y vomitado durante mucho tiempo todos los días, al principio si no vomita puede sufrir el efecto cactus, una planta del desierto sedienta toma cuanto le das, pero unas semanas más tarde el organismo aprende de nuevo a tener un buen metabolismo, de modo que retiene lo que es beneficioso y expulsa lo que no es beneficioso. Mientras que comiendo y vomitando le haces retener lo que es perjudicial de modo que… y aparece la celulitis…

P: De hecho ya me ha aparecido, cuando era pequeña no tenía, solo cuando empezaron mis problemas... mi madre por ejemplo no tiene celulitis... y me dije: «S., coño, ¡sé razonable!», quiero decir, no sé si solucionaré nunca esta cosa, pero últimamente me he metido en ello.

T: Estás aquí para esto, para hacerlo para siempre. No estoy acostumbrado a hacer terapias marginales, tenemos que llegar al «para siempre».

P: Ya…

T: Ahora tenemos que llegar al «para siempre». Si cambias de modelo y lo repites durante un tiempo, sustituyes la percepción y la reacción y se convierte en «para siempre».

P: De hecho, ahora no se me ocurre vomitar. Ni siquiera cuando mi madre me dijo: «¡Comes demasiado!».

T: Me alegro mucho de que hayas cambiado la hora del gimnasio, porque el gimnasio a la hora de cenar era como imponerse saltarse una comida.

P: En realidad, ¡el objetivo inicial era ese!

T: Exacto, en cambio si vas por la tarde, y luego por la noche te relajas, porque además practicar actividad física a última hora no es beneficioso.

Uso de la explicación para reforzar la colaboración y la alianza contra el trastorno

P: Porque además te pones…

T: Y saltarse las comidas no es bueno.

P: Hummm…

T: Acuérdate de lo que te expliqué, cada seis horas has de tener algo en el estómago, porque de lo contrario los jugos gástricos te devoran por dentro y produces todo lo peor, y cuando metes algo están preparados y lo asimilan todo.

P: Hummm… Sí, en cualquier caso trato de comer… desde luego mi comida no es un plato de pasta, es un bocadillo relleno como yo quiero, con *bresaola*, queso, sé que es bueno…

T: S., has de saber que mi experiencia de más de veinte años en trastornos alimentarios me ha llevado a trabajar en la reeducación alimentaria en términos de prevención. ¿Qué es la dieta paradójica en términos de prevención? Come única y exclusivamente lo que más te guste en las tres comidas. Ten en cuenta que el bocadillo de *bresaola* con queso y un poco de ensalada o lo que quieras ponerle ¡es el equivalente al plato de pasta! Lo importante es que hagas tres comidas.

La dieta paradójica como estilo de vida

P: De hecho, últimamente estoy haciendo tres comidas.

T: Y que sean tres comidas cada cinco o seis horas a lo sumo. Tienes que comer cada cinco o seis horas, si no es así a la comida siguiente lo asimilas todo. La idea «me salto una comida y así me quedo igual» es una idiotez, porque un atracón se amortiza en una semana de regularidad. Si quieres amortizarlo al día siguiente no lo amortizas, porque te vacías y tu organismo se habitúa. Del mismo modo que no digiero el atracón corriendo dos horas, porque no tiene sentido: si voy a correr dos horas y luego tengo sed y bebo, retengo también esto. No tiene sentido, es estúpido.

Explicación de las soluciones intentadas disfuncionales respecto a los atracones: saltarse comidas

P: ¿Cómo, retengo también los líquidos?

T: Cuando corres demasiado y vas a hacer dos horas de carrera, si has estresado demasiado tu organismo, este retiene también los líquidos, y los retiene en las zonas que más has utilizado. En este caso piernas y culo, hablando en plata. ¿Entiendes?

Explicación de las soluciones intentadas disfuncionales respecto a los atracones: la actividad física que machaca

P: ¿O sea que las actividades demasiado intensas no son buenas?

T: ¡Exacto! Es como la dieta restrictiva.

P: Hummm…

T: La mitad de la dieta paradójica es el ejercicio. Para estar en forma, uno debería hacer todos los días media hora de actividad aeróbica seguida de unos diez minutos de estiramientos, y si uno quiere añadir cinco minutos de potenciación de las masas muscu-

Propuesta de un programa de entrenamiento como parte integrante de la dieta paradójica

lares más importantes. Esto es lo que hay que hacer. 45 minutos al día. Más actividad física es perjudicial. ¿De acuerdo?

P: Entiendo.

T: Pero hay que hacerlo todos los días.

P: Sí, adiós... con los estudios no se puede...

T: ¿Qué se puede hacer entonces? En vez de siete días, haz una hora cinco días. ¿De acuerdo? Pero la regularidad es lo que marca la diferencia, porque nuestro organismo... ¿tú has estudiado biología?

P: La estoy estudiando ahora.

T: Porque piensa en la adaptación del organismo. El organismo se adapta si le haces repetir...

P: Sí, sí, es cierto, es cierto.

T: Bien, y tengo que decirte que es una cosa que le hice descubrir a un exprofesor tuyo ya jubilado, que era como un «acordeón». Estábamos escribiendo un libro juntos y al darle yo a leer algunos artículos se dio cuenta de una cosa que él hacía desde siempre, esto es, seguir una dieta demasiado restrictiva que le llevaba de vez en cuando a perder el control, por lo que su organismo se defendía y asimilaba más. Si mantienes una dieta por debajo de las 1 000 calorías, una dieta de 800 a 1 100 calorías, y no adelgazas, ¿qué pasa? El organismo se defiende y en ese caso retiene incluso los líquidos.

Analogía que halaga indirectamente

P: Porque en realidad no me doy cuenta... y además soy bajita y tengo que tener cuidado... tengo amigas que miden 1,70 m y, aunque comen mucho, lo queman todo.

T: Seguro.

P: Yo tengo que tener más cuidado, pero me he dado cuenta de que no tengo que bajar demasiado.

T: No tienes que bajar demasiado en la alimentación ni debes subir demasiado en el ejercicio. Tiene que haber equilibrio, además si acostumbras a tu organismo, se autorregula. Se tiene que habituar al ejercicio que se repite.

P: Por ejemplo, ahora voy los lunes, martes y jueves.

T: Perfecto.

P: El miércoles tengo universidad.

T: De acuerdo, ¿y qué haces?

P: El martes y el jueves hago aeróbic, y luego me tengo que ir corriendo a dar las clases. El lunes hago 15 minutos de bicicleta estática, luego me pongo a hacer abdominales, piernas, glúteos…

T: Bien, o sea haces calentamiento, potenciación, estiramientos de ciertas fascias.

P: Sí, también hago estiramientos para la espalda, y 12 minutos de marcha.

T: Bien.

P: El lunes hago dos horas y media, antes incluso tres.

T: Puedes añadir solo de vez en cuando la bicicleta en casa.

P: El viernes suelo hacer un poco de bicicleta.

T: Pues ya está bien. Pero la alimentación no debe bajar nunca de las 1 000 calorías.

P: Lo comento a menudo con mi novio, él lleva otra dieta, come muchísimo y me he dado cuenta de que su organismo, el intestino... en definitiva, él va tres o cuatro veces al día, y yo no. Y he reflexionado, ¿qué absorbe su organismo de todo lo que come? ¡Lo mejor! Y tú, S., ¿qué absorbe tu organismo? ¡Todo! ¡Es un asco!

T: ¡Bien!

P: Y entonces me he dicho, S., toma un poco de chocolate porque por una vez… ¡comeré un poco menos al día siguiente!

Prescripciones: dieta paradójica y ejercicio diario: a un metro de la cumbre

T: Muy bien, como eres una muchacha aplicada, estudiosa, precisa, lo que tienes que hacer es ejercicio, lo que hemos dicho, además come lo que más te gusta en las tres comidas. Las cosas dulces las tomas por la mañana, a mediodía está bien lo que comes porque equivale a un plato de pasta... y por la noche come proteínas y verduras a placer.

P: Que es lo que estoy haciendo, porque necesito reforzar los músculos.

T: Muy bien, veremos qué tal te va.

Cierre de la sesión

SÉPTIMA SESIÓN

P: ¿Qué ha pasado? En realidad, en estas dos semanas me ha ocurrido dos veces, una cuando tenía la regla, el día antes, y no sé qué me pasa porque comería cualquier cosa, hablo con mis amigas y es igual...

T: Todas las mujeres, ¿cierto?

P: Sí.

T: Es el *raptus* de África que se agita en vuestro interior, ¡es el elemento primitivo que lleváis dentro!

Uso irónico de imágenes analógicas

P: Quería preguntarle, cuando una mujer tiene que tener la regla ¿asimila igualmente todo lo que come?

T: Debería, una mujer antes de tener la regla debería ser suficientemente inteligente como para prevenir esto comiendo carne roja.

Introducción de una estrategia preventiva

P: Carne roja...

T: En los primeros días de la regla tendrías que comer carne roja y poco hecha por una razón muy simple, por la aportación de hierro.

P: Ah...

T: Porque cuando se produce una bajada de hierro «surge lo primitivo», ¿no?

P: De acuerdo.

T: Basta un buen bistec de buey, un buen filete poco hecho, para mantener a raya lo primitivo.

P: De acuerdo. Los días antes, perfecto.

T: ¿Estás de acuerdo?

P: ¡Sí! Otra cosa, ¿qué pasó? El sábado por la noche trabajo de camarera en un club. El sábado pasado mi novio había ido a bailar. Me debí confundir con el móvil de mi prima, era tarde, había trabajado hasta la una y media, tal vez confundí los dos bolsos… me equivoqué de pin… Total, resumiendo, le bloqueé el móvil, y cuando llegó se armó la bronca… me dijo que soy una entrometida, que había violado su intimidad…

T: De modo que le bloqueaste el móvil.

P: Eh, sí… y mi prima se puso furiosa.

T: Parece justamente una tendencia al control paranoico. Control de su teléfono.

P: Quería utilizar su teléfono para llamar a mis amigas, para que me dijeran dónde estaba mi novio.

T: ¿Y tú no tienes móvil?

P: Sí, ¡pero no quería llamarle! Y además ella tenía las llamadas gratis, y en aquel momento ni se me ocurrió… Mi prima estaba furiosa, además ha perdido todos los contactos… De modo que debido a la ansiedad ¡comí a propósito! Dos veces el mismo día.

T: ¡El mismo día!

P: Sí.

T: Sí, porque si lo alimentas empieza todo de nuevo.

Crear aversión al anterior guion

P: Ya, sí…

T: Basta poco, comer es un placer, si lo fomentas te seduce. ¿Solo te ocurrió aquel día o también otras veces?

P: No, no, solo aquel día, ¡dos veces!

T: Ah, bien, ¡entonces te has portado bien! En cuanto a lo demás, ¿has comido en las tres comidas solo lo que más te gustaba o has hecho otra cosa?

Comunicación destinada a reforzar los resultados obtenidos

P: No, me he organizado desayunando si tenía que ir al gimnasio, unas galletas… es más, alguna mañana me he permitido comer pan con mermelada.

T: ¡Muy bien!

P: A mediodía siempre como un bocadillo, porque voy a la biblioteca y como allí, luego me voy corriendo al gimnasio y luego me dedico a dar las clases… me he organizado así, siempre ceno en casa, ¿y qué ha sucedido? Que siento la necesidad de hacer… menos ejercicio físico, pero todos los días. En casa no hablamos… mi madre es maestra, pero no le gusta charlar, mi padre es un hombre muy bueno, pero tampoco habla mucho, así que he entendido que en vez de comer se puede hablar, así que llamo a una amiga…

T: Sin duda.

P: Así que fui a correr, un rato a correr y otro a caminar, y estaba contenta, volví a casa, me duché, me acosté ¡y ni siquiera tenía hambre!

T: ¿Pero esto fue después de cenar o lo hiciste en vez de cenar?

P: No, después de cenar.

T: Bien.

P: Y nada más.

T: ¿Y cuándo ocurrió? ¿Cuándo te diste cuenta de haber comido demasiado o en otra situación?

P: No… hay otra cosa que quería decirle… esto ocurrió el miércoles por la noche… luego tiendo a llenarme comiendo dos manzanas, que es un gran error, me di cuenta… te sientes hinchada y ¡te entra aquello!

T: ¡Ya!

P: La noche anterior comí, luego me apetecía comer chocolate y lo comí, y me di cuenta de que comiendo chocolate… en resumen, sabía que había comido una cosa muy calórica… me fui a la cama y miré una película.

T: Bien, bien. Tenemos que lograr que en todas tus comidas encuentres el placer de comer una cosa que te gusta mucho, porque esto, como has visto, hace que limites la cantidad.

Redefinición del placer como antídoto contra el trastorno

P: Exacto.

T: Exacto. ¿Qué porcentaje de las cosas que más te gustan has conseguido incluir en las comidas?

P: Bueno, últimamente cuando voy a estudiar a casa de mi tía... y ella siempre me hace mucha comida... he de decir una cosa, ahora soy más selectiva, si he de comer, ¿por qué he de comer una cosa que no me gusta?

T: Por tanto dices: no me gusta y entonces no la como. Bien.

P: Por la noche últimamente me hago huevos revueltos... tenemos gallinas, y los huevos son buenos... pongo un poco de requesón, y los huevos son proteínas y por la noche van bien... me preparo yo la comida...

T: Teniendo en cuenta lo que más te gusta.

P: Sí.

Indagación sobre los efectos del programa de actividad física

T: Esto es lo que debes seguir haciendo. Esta es la regla, porque así evitas todo lo que comías para llenar el vacío. El vacío del placer lo llenabas con la cantidad, mientras que así te vuelves más selectiva y puedes comer lo que más te gusta en las tres comidas. ¿Y la actividad física?

P: Bueno, ya no hago las tres horas intensas como antes. Los lunes hago veinte minutos de actividad aeróbica, los abdominales, diez minutos de carrera rápida, porque me va bien, como usted me decía...

T: Bien.

P: Los martes y jueves hago aeróbic, los miércoles... el miércoles pasado fui a correr después de cenar...

T: Bien.

P: Y me encontré muy bien, porque estuve al aire libre y pasó media hora volando.

T: Bien.

P: Y hoy, bueno, esto es lo que hay...

T: Bien, ¿o sea que has abandonado todas las potenciaciones?

P: Sí.

T: Bien, porque lo único que hacen es añadir masa. Evita las pesas, a lo sumo 1 kg.

P: Hummm... mejor que no, mejor el aeróbic.
T: Sí, usa los elásticos, no pesas.
P: ¿Elásticos?
T: Sí, ¿tenéis extensores en el gimnasio?
P: Sí.
T: Las pesas aumentan el tamaño de los músculos, que luego se hinchan, ¿entiendes?
P: De acuerdo. Por tanto es mejor... y de hecho ¿qué hice el miércoles? Encendí el iPod, me fui a correr con mis perros y sudé...
T: ¡Seguro! Incluso más, y es más natural porque trabajas con todos los músculos, no como en la cinta.
P: No, realmente.
T: Exacto. Bien. ¿Has vomitado o no?
P: Las dos veces que le he dicho.
T: Ah, ¿aquellas dos veces el mismo día?
P: Una vez cuando mi prima se enfadó tanto porque le bloqueé el teléfono... en casa se organizó una buena. Me decían que no tengo límites... en muchas cosas soy muy responsable, en otras me doy cuenta de que me entrometo un poco en el espacio de los demás... Pero si ella quisiera usar mi teléfono a mí no me importaría...
T: Mira, S., que tú lo hagas ¡no quiere decir que lo hagan también los demás!
P: Es cierto, lo sé, tengo 21 años.
T: Es un error estratégico pensar que lo que haría yo lo harían también los demás.
P: Sí, lo sé, tengo que pensar que cada uno tiene sus espacios ¡y yo no tengo que invadirlos! Pero como a menudo dejo que los demás invadan los míos...
T: Bien.
P: ... tiendo a mantener las distancias expresamente.
T: Y crees que los otros deberían aceptar lo mismo, pero no es así.
P: Exacto. Y luego cuando tenía que venirme la regla. En estas dos ocasiones.

T: Bien. Veamos, cuando vomitaste, ¿qué sensaciones tuviste después?

Reestructuración explicativa: el vómito como sedante que se te vuelve en contra

P: Cuando… el domingo, después del follón del móvil, lo hice a propósito.

T: ¿Cómo sedante?

P: Sí, no estás bien y además quieres darte de tortas porque has montado un follón…

T: O sea como sedante, ¡que se te vuelve en contra!

P: Sí. A propósito, quiero decir… Y además la vez que ocurrieron esas cosas me dije, tenías hambre, te habrías comido un buey, pero ocurre así… y además había comido, incluso había tomado aperitivos, y sin embargo seguía teniendo hambre. ¡No sé por qué! Tal vez se me había activado el metabolismo.

T: Desde luego, seguro, y los aperitivos no van bien.

P: No había comido nada en la universidad…

T: ¡Hay que dejarlo para cuando se puede hacer!

P: Sí, lo sé…

T: Bien, S., es evidente que vas por el buen camino, pero siempre tenemos un pie en el abismo y si resbalas te arrastra, ¿de acuerdo? O sea que debes aprender un estilo de vida que te permita no dejarte arrastrar por el abismo, ¿entiendes?

Imagen analógica para evocar sensaciones y reforzar el mantenimiento de la ruta

P: Sí.

T: Por tanto, para evitar esto me tienes que organizar tres comidas comiendo lo que más te guste, como estás haciendo. Única y exclusivamente lo que más te guste. Y si tienes ganas de vomitar ¿qué tienes que hacer?

P: ¿Ejercicio físico?

T: ¿Y cómo?

P: Al cabo de una hora.

T: No lo olvides, porque si te dejas atraer de nuevo, el abismo te arrastra. El efecto sedante, el efecto placer te arrastra.

P: Bien, pero espero…

T: Deja la esperanza, tienes que merecerlo. Hasta ahora te has portado muy bien, ahora solo se trata de mantener la ruta.

P: Quiero decir... ¡no puedo ser siempre una maquinita!

T: No te estamos enseñando en absoluto a ser una maquinita. Te estamos diciendo: come lo que más te gusta, en las tres comidas, haz lo que más te gusta. En las tres comidas. Pero si vomitas, hazlo una hora después.

Prescripciones redundantes para inducir constancia en la observancia y adhesión

P: No, una maquinita en el sentido de que… es normal, uno toma desayuno, comida y cena…

T: ¡No es una maquinita!

P: No es una maquinita… no.

T: Al contrario. La maquinita era la de antes, y lo has conseguido tú sola.

P: Ya... o sea, en las tres comidas... de acuerdo, realmente sigo avanzando y además... una hora después.

T: Bien. La próxima vez nos veremos dentro de tres semanas.

Cierre de la sesión con aumento del intervalo entre una entrevista y la siguiente

Octava sesión

T: Y bien, ¿cómo han ido las cosas estas tres semanas?

Indagación sobre la marcha de la terapia

P: Bien. Han ocurrido muchas cosas positivas. Además, he estudiado mucho para el examen.

T: ¿Y cómo ha ido?

P: Bien. Y quería hacerle una pregunta. ¿Esta escuela es de especialización?

T: Sí.

P: Bien. ¿Y para entrar se necesita la licenciatura?

T: Sí.

P: ¿Y cuentan las calificaciones?

T: Cuenta el examen de admisión.

P: ¿Hay un examen de admisión?

T: Sí. Somos la única escuela que lo hace.

P: De acuerdo.
T: Hay un examen de admisión: diez preguntas sobre mi enfoque, sobre mi modelo.
P: Además de contestar a…
T: Preguntas abiertas.
P: Ah, preguntas abiertas. No me van. Porque me extiendo mucho.
T: Veremos. ¿Cuánto te falta?
P: Uf, todavía me queda mucho.
T: Veremos, ya aprenderás.
P: Pues bien, qué ha ocurrido… esta semana me tenía que venir la regla, y ni siquiera tuve tanta hambre. Comí por la noche, también comí el pastel que había hecho mi tía y entonces se me grabó esto. Si antes podía estar picando antes de comer, ahora me digo, ¿por qué te vas a estropear la cena?
T: Bien, porque así comes las cosas que te gustan.
P: Sí, pero también por otra razón, está bien hacer las cosas todos juntos.
T: Muy bien.
P: Como hoy, estaba en casa y tenía que lavar el coche, como he terminado el examen hago todo lo que no he hecho antes y entonces qué sucede, he querido esperar a mi padre y he preparado las cosas que me gustan y no es que no coma nada entre horas, al revés, cuando estoy con mi novio por la noche siempre tengo hambre y como alguna cosita, pero me reprimo, no tengo que comerlo todo, ¡ni siquiera se me ocurre comerlo todo!
T: Bien, ¿y cómo te lo explicas?
P: He aprendido.
T: Sin duda, en el momento en que te concedes en las tres comidas lo que más te gusta y lo preparas como más te gusta y lo comes como más te gusta, si entre horas te permites comer algo ya no existe esa atención convulsiva a… ¡porque ya no tienes limitación en las comidas! ¡Este es el efecto de la dieta paradójica!

Redefinición en positivo de los resultados obtenidos: ausencia total de vómito

P: Exacto. Algunas mañanas incluso he tomado galletas con chocolate para desayunar… para mí era lo que…
T: *(ríe)* ¡Hubieras ido a vomitar!
P: Sí, lo hice dos días y al tercero tenía ganas de comer cosas más sanas, yogur, té…
T: Por supuesto, si te lo permites puedes renunciar, si no te lo permites se vuelve irrenunciable.

Redefinición con aforismo de la lógica de funcionamiento de la dieta paradójica

P: Quería hacerle además otra pregunta. ¿Es posible que por culpa de esos trastornos el cabello se resienta?
T: Sí, y mucho.
P: Es que se me ha estropeado muchísimo.
T: Te diré más, el cabello y los dientes son los primeros signos que indican que una persona come y vomita.
P: Ahora ya entiendo. Creí que era una cosa hormonal.
T: Pero ya verás que ahora, una vez superado esto, todo se irá ajustando poco a poco.
P: Sí, sí…
T: ¿Y no has tenido ni siquiera la tentación de vomitar?
P: ¡No! Ni siquiera he tenido la idea de un atracón. De hecho, incluso me había olvidado de que tenía que venir a verle.
T: Es la primera vez que te encuentras en este estado de gracia, ¿no? ¿Que no has tenido ni siquiera la tentación?
P: Sí. Comer es comer. Si uno tiene hambre come, pero todo tiene un límite.
T: Pero esto solo ocurre si te permites tomar las cosas que más te gustan. La prueba la has tenido con las galletas de chocolate.
P: Es cierto.
T: Las comiste dos mañanas, y a la tercera ya no te apetecían.
P: Es cierto.

T: Y lo otro que has dicho antes es importante, el placer de preparar las cosas como más te gustan. Para nosotros, que, en las sociedades opulentas, nos lo podemos permitir, la comida es puro placer. El placer de comer no es solo la comida sino también cómo la preparo, cómo preparo la mesa, con quién como. O sea, la búsqueda de la belleza ayuda a evitar ir en la dirección de los excesos.

P: Seguro, seguro, seguro. Y de hecho muchas veces cuando voy a comer a casa de mi tía, si estamos comiendo todos juntos hablamos mucho, y hablando se pierde también el interés por la comida.

Redefinición en positivo de los logros obtenidos tanto en la percepción como en la reacción: la adquisición de un nuevo modelo perceptivo-reactivo

T: Sí, ¡pero todo es más hermoso! Y esto hace que se pueda comer a gusto estando bien ¡y sin tener la tentación del atracón!

P: Desde luego, sí.

T: Ocurre lo mismo con todo lo que es agradable. Hace tiempo, en una entrevista me preguntaron cómo se podría prevenir el problema del alcohol entre los jóvenes. Ahora se impone esta idea del psicólogo de calle que va a recoger a los borrachos, que es una cosa de locos. No solo no los ayudamos, sino que les proporcionamos asistencia, ¡así pueden hacerlo mejor!

P: Tengo muchos amigos así, ¡a mí me da pánico beber!

T: También en este caso, enseña a tu hijo a beber lo mejor. Ya verás cómo no toma porquerías.

P: ¿Está hablando de vino y esas cosas?

T: Sí, ya verás cómo si conoce las cosas buenas ¡no bebe porquerías! Es como con la buena comida. Si comes comida buena, ¡ni se te ocurre entrar en un *fast food*!

P: Sí.

T: El placer solo se controla con un placer mayor, pero controlado.

P: Controlado.

T: Y tú lo estás aprendiendo, y estoy muy contento. Nos veremos dentro de un mes.

P: ¿Dentro de un mes?

T: Sí, si tienes problemas me llamas, pero no lo creo, confiamos en ti.

Cierre de la sesión con un aumento del intervalo entre una sesión y la siguiente: la tercera fase de la terapia como follow-up *ampliado*

En la siguiente sesión la paciente declara sentirse realmente bien: no ha reaparecido ninguno de los síntomas. S. siente que ha alcanzado un estado nuevo y sano en el que se permite el placer sabiendo controlarlo.

Se programan entonces las tres entrevistas de *follow-up*, a los tres meses, a los seis meses y al año.

Al cabo de un año la muchacha se siente feliz: siente que es dueña de su vida y la patología no es más que un recuerdo.

Caso clínico 2. Comportamiento autodestructivo con trastorno alimentario tratado con solución alternativa al problema

Por Matthew D. Selekman

Presentación del caso y tratamientos anteriores

Julia se dirige a mí tras haber realizado uno de mis talleres y me expone el caso de su hija, Stella, de 19 años. A Julia le preocupa que Stella no consiga controlar su vida lejos de casa, en una universidad que no dista mucho de mi despacho. Cuenta que la hija tiene una larga historia de tratamientos terapéuticos por autoagresiones, bulimia, abuso de sustancias y prácticas sexuales de riesgo. Otro motivo por el que se dirige a mí es que la hija «ha suspendido casi todas las asignaturas del primer semestre, debido al abuso de sustancias, a que no ha trabajado y a otras decisiones equivocadas». Además cree que Stella está deprimida.

Examinando con Julia otros detalles acerca de los tratamientos terapéuticos anteriores de Stella, me entero de que a los 16 años la muchacha estuvo cuatro meses en un programa de rehabilitación de droga, en el que abordó también el problema de la bulimia. Su ingreso en este programa se produjo tras el divorcio de sus padres y la pérdida del trabajo del padre, que se convirtió en un vagabundo. Cuenta Julia que, antes de que Stella entrara en el programa de rehabilitación, «abusaba a diario de la marihuana, el alcohol y la cocaína, se cortaba, se daba atracones y vomitaba». Incluso tuvo que «abortar tras haberse quedado embarazada de un chico al que conoció en una fiesta». Poco después de haber sido dada de alta en el programa de rehabilitación, Stella empezó de nuevo a abusar de la marihuana y del alcohol, a cortarse y a hartarse de comer, con las consiguientes conductas de eliminación, un par de veces por semana.

Cuenta Julia que en su familia abundan las dificultades vinculadas al abuso de sustancias. Su exmarido, Joshua, tenía problemas con el alcohol, y su hijo, Jacob, de 25 años, tiene serios problemas con el abuso de sustancias. Tiempo atrás, Jacob y Stella solían fumar marihuana juntos. Finalmente, Julia me advierte que Stella es una mentirosa crónica: durante las sesiones, la dirección del programa de rehabilitación y sus tres anteriores terapeutas de ambulatorio tuvieron serias dificultades para distinguir la verdad de la ficción.

Le pregunto a Julia cómo se explica las dificultades de Stella. La mujer responde que probablemente la hija estaba preocupada por el divorcio y por el hecho de que su padre viviera en la calle. Al parecer, Stella iba a verle, una vez por semana, a las calles de una ciudad próxima. El hecho de que Stella no abusase de nuevo de sustancias ni manifestase otros hábitos autodestructivos convenció a Julia de la posibilidad de vivir lejos de la universidad de su hija. También pensó que sería positivo alejarla del padre, del hermano y de las influencias negativas de los amigos que frecuentaba en el barrio. Aunque Julia creía que sería útil celebrar sesiones de terapia familiar con ocasión de sus visitas a Stella, consideró que sería difícil por cuestiones organizativas (trabajo y vacaciones).

Tras haber escuchado el relato de los múltiples hábitos autodestructivos de Stella, las dificultades de la familia y la historia de los anteriores tratamientos fallidos de la muchacha, me sentía más bien desmoralizado y pensaba que sería uno de los clientes más difíciles. Sin embargo, también pensé que a menudo, cuando los clientes han tenido diversas experiencias de terapia, el tratamiento ha utilizado los mismos instrumentos, estrategias y modalidades terapéuticas que ya se habían revelado improductivos, agravando aún más la situación y aumentando los comportamientos autodestructivos y las otras dificultades de los clientes. Respiré hondo y contacté con Stella para fijar una cita.

Primera sesión individual con Stella

Stella se presentó veinte minutos tarde. Se excusó diciendo que había estado de fiesta y había pasado la noche con algunos compañeros de su residencia universitaria. Le dije que lo más importante es que hubiera venido y no me hubiera «dado plantón», como ocurre a veces con los nuevos pacientes. Stella me agradeció que no me hubiera enfadado con ella y afirmó que realmente deseaba que la ayudaran. Antes de explorar con ella sus objetivos, quise conocerla mejor a través de sus puntos fuertes, talentos y pasiones. Supe que a Stella le gusta muchísimo el arte y que está matriculada en el programa de arte de su universidad. Le pregunté cuáles eran sus corrientes artísticas preferidas y con qué le gustaba más trabajar. A Stella le gustan los surrealistas, especialmente Dalí y Magritte, y le gusta sobre todo dibujar y pintar. Tras haber escuchado estas importantes informaciones, pensé: es una paciente visual-espacial, y con ella podría valer la pena intentar experimentos de arte-terapia.

Le gustan Led Zeppelin y Grateful Dead. Adora *Stairway to Heaven*, de Led Zeppelin: Will, uno de sus novios del instituto, que no tomaba drogas, le cantaba *Stairway to Heaven* acompañándose con la guitarra. Dijo, sonriendo: «Era nuestra canción». Desgraciadamente, Will tuvo que trasladarse cuando su padre encontró un nuevo trabajo en otro estado. Le confié que teníamos gustos artísticos y musicales semejantes. Sonriendo, me dijo: «¡Qué guay!». Stella insiste también en el hecho de que adora las viejas películas en blanco y negro de Sherlock Holmes con Basil Rathbone.

Pensé que me convenía descubrir qué era lo que no le había gustado de sus experiencias terapéuticas anteriores, para evitar repetir cosas que no habían funcionado en el pasado. Stella detestaba el programa de rehabilitación de drogas. Al parecer, surgieron graves conflictos y Stella no admitía que fuera «una drogata y una alcohólica». Luego añadió: «Odiaba ir a las reuniones de Alcohólicos y Drogadictos Anónimos». Además, tuvo la sensación de que el personal responsable del tratamiento nunca la escuchaba y trataba de enfrentarla con sus compañeros. Afirmó haber estado tan «traumatizada por mi permanencia en aquel lugar; duró tanto tiempo», que, una vez abandonado el programa, se sintió empujada a seguir tomando drogas. Con sus tres terapeutas de ambulatorio tenía la sensación o bien de que «estaban allí sentados esperando que dijera algo», o bien de que «me daban lecciones sobre lo peligroso que era mi comportamiento». No lograba pensar ni siquiera en un instrumento, en una estrategia ni en cualquier otra cosa de su parte que le hubiera resultado útil. Le pedí que me explicara en qué consistiría realmente la diferencia, en su situación, qué preguntas creía que le habría podido hacer un terapeuta perfecto o qué habría intentado hacer con ella. Stella respondió: «Hablar *conmigo* y proponerme un montón de cosas concretas para experimentar». Además añadió: «¡No quedarse allí enfrentándose conmigo o dándome lecciones!».

A la pregunta de qué quería empezar a cambiar hoy, me respondió «Ayúdame con mis malos hábitos». Le pregunté qué entendía por «malos hábitos», y añadió: «Sigo diciendo que debería parar de tanta fiesta y de dormir aquí y allí, pero sigue ocurriendo». Entonces le pregunté qué le sucede cuando cae de nuevo en sus hábitos. Me confió: «Vuelvo al dormitorio, a mi habitación y, o bien me hago cortes para adormecer los malos pensamientos y calmar mis sentimientos, o bien me atiborro con un montón de porquerías, y me provoco el vómito para liberarme de mi maldad». Tenía curiosidad por saber cuáles eran esos «malos pensamientos y sentimientos» que desencadenaban aquellos comportamientos, y ella me explicó que se decía a sí misma: «Tú, puta, y además me siento realmente mal y tan sucia». El simple hecho de haberla hecho hablar de su dolor la deprimió, así que cambié de tema: «Digamos que hoy saldrás de aquí completamente satisfecha, has obtenido todo lo que esperabas. ¿Qué debería cambiar en tu situación que te llevara a decir "ha valido la pena"?». Stella afirmó que querría poner fin a nuestra sesión y resistir la tentación «de drogarse, de emborracharse y de tener relaciones de "un achuchón y adiós muy buenas", durante toda una semana». Le dije que apreciaba su ambición, pero que podía ser más útil realizar solo un pequeño cambio, por ejemplo, dejar de cortarse o de tener aventuras de una noche. Añadí, además, que los objetivos son el principio, y no el fin, de algo nuevo. Stella comprendió mis palabras y me explicó que drogarse, emborracharse, atracarse y vomitar, cortarse y tener relaciones sexuales ocasionales estaba todo «interconectado». Precisamente para aclarar el punto por el que quería empezar, Stella tenía la sensación de que, si resolvía las dificultades con el abuso de sustancias, tendría menos problemas también con el sexo ocasional, las autoagresiones, los atracones y las correspondientes conductas de eliminación.

Luego le pregunté a Stella: «En una escala del 1 al 10, donde el 1 es el día en que decidiste pedir ayuda a tu madre y 10 el día en que dejaste de drogarte o de emborracharte, ¿qué puntuación le darías a tu situación de mañana?». Stella respondió: «Un 4». Habíamos recorrido ya el 40 % del camino. Le pregunté qué podría hacer, durante la semana, para pasar a 5: «Pasar al menos dos días sin drogarme o emborracharme». Saqué mi fiel bola de cristal imaginaria y le pedí a Stella que mirara en su interior y describiera detalladamente cada uno de los días en que decidió abstenerse de «drogarse o emborracharse». El martes de la semana siguiente se vio a sí misma «trabajando unas horas más en el laboratorio de arte» y «llenando el tiempo libre, acabando mi proyecto de historia del arte» que tenía que entregar el miércoles. Además, querría «mantenerse alejada de Nick y Tammy, a los que les gusta "ir de fiesta"». El jueves de la semana siguiente Stella se vio a sí misma «haciendo horas de trabajo extra en el laboratorio de arte», «en el cine con Tabitha, que no consume drogas», y «en su habitación esbozando el próximo trabajo de arte, esto es, el arte sobre tela». Le pregunté a Stella qué se diría en estos días para conseguir mantenerse alejada del alcohol y de las drogas. «Puedo conseguirlo», dijo. Le pregunté también si en la esfera de cristal se vio a sí misma haciendo alguna otra cosa estos días: «Comer más fruta y verdura y volver a las clases de yoga». Me explicó que «comer más fruta y verdura me hace sentir sana» y probablemente menos propensa a la bulimia. Para Stella «el yoga había hecho maravillas» durante su período de abstinencia, que duró un mes, el verano anterior. Reflexioné mentalmente sobre la relación entre «comer más fruta y verdura» y no atracarse y vomitar, y el poder del yoga para ayudarla a no consumir drogas ni alcohol. La universidad de Stella ofrecía clases de yoga a los estudiantes como actividad extraescolar gratuita.

En este punto de la sesión hice una breve pausa para escribir mis reflexiones y seleccionar los experimentos terapéuticos de acuerdo con el objetivo inicial de la paciente. Cuando la llamé de nuevo, la felicité por haber dado un paso de gran responsabilidad presentándose a nuestra entrevista. Subrayé que era muy valiente y tenaz al pedir ayuda y al no renunciar a la asesoría, a pesar de haber tenido en el pasado experiencias de tratamiento negativas. También destaqué su enorme intuición para comprender lo que le era útil, como por ejemplo: un terapeuta que dialoga vivamente, disponer de varios instrumentos y estrategias entre las que elegir y no tener que enfrentarse a él o recibir lecciones. Le comuniqué que me sorprendía su capacidad para ver la imagen en su conjunto y la interconexión entre drogarse y emborracharse, y cómo todo esto puede conducir al sexo ocasional, a los comportamientos autodestructivos, a los atracones y vomitonas. Por último, fue importante felicitarla por el hecho de haber establecido la fórmula del éxito para combatir la bulimia y abstenerse de drogas y alcohol, o sea «comer más fruta y verduras» y practicar yoga.

Le expliqué que dominar hábitos múltiples y de larga duración es un trabajo duro y que el cambio es un terreno resbaladizo, incluso después de haber hecho grandes progresos. También subrayé que los hábitos son de naturaleza taimada e inteligente, que no se rinden fácilmente y que podrían hacerla caer en la tentación. Finalmente, le informé de que, en mi opinión, había habido otras personas, actividades, lugares o cosas que hizo en el pasado o recientemente, cuando no era prisionera de «las drogas y el alcohol» y de sus otros hábitos, que ahora no podía recordar, pero que recordaría la semana siguiente, cuando alcanzara su objetivo. Le prescribí estos tres experimentos terapéuticos:

1. Durante la próxima semana, querría que imaginaras estar en el puesto de Watson, en una de esas películas en blanco y negro de Sherlock Holmes, con Holmes ayudándote a encontrar otros indicios válidos para resolver el misterio de lo que funciona y a no caer en la tentación de drogarte o emborracharte. Te ruego que anotes todos los indicios importantes y las soluciones que tú y Sherlock Holmes habéis descubierto y que me traigas la lista en la próxima sesión.

2. Puesto que amas el arte, especialmente el arte surrealista de Magritte y Dalí, querría que hicieses un dibujo surrealista de un sueño que tengas la noche del martes o la del jueves, y que me lo trajeras la próxima vez. Prepárate para conjeturar qué es lo que, en tu dibujo o pintura, suscitaría más la curiosidad tanto de Magritte como de Dalí. Piensa además qué nuevas ideas o iluminaciones han surgido en ti tras haber completado tu dibujo o pintura.
3. Otra estrategia importante que puedes experimentar de aquí a la próxima semana, si te sientes estresada o tentada, es cerrar los ojos e imaginar una pantalla en blanco, utilizando todos tus sentidos, incluido el color y el movimiento, sobre la que has de proyectar una película de tu exnovio Will, que toca y canta para ti *Stairway to Heaven* de Led Zeppelin. Escucha atentamente el texto y los *riff* de guitarra de Will, y su hermosa voz. Mírate mientras sonríes, eres feliz y Will te devuelve la sonrisa. Intenta realmente sumergirte con todos los sentidos en esta experiencia, sobre todo en las sensaciones positivas que estás experimentando al escuchar a Will y estar con él. Pon en práctica este experimento todos los días durante 10-12 minutos.

Según Stella, los tres experimentos eran «grandiosos» y estaba impaciente por probarlos. Compusimos juntos el proyecto para el plan de cambio. Stella identificó entre sus cambios previos al tratamiento el comer más fruta y verdura, el yoga, mantenerse alejada de Nick y Tammy y salir con Tabitha. Como principales puntos fuertes, que podían utilizarse para ayudarla a conseguir su objetivo inicial, Stella escribió: sus capacidades artísticas, su creatividad y la curiosidad de superinvestigadora. El único miembro de la familia admitido en las sesiones era la madre. No había otros profesionales implicados con los que se pudiese colaborar.

A la pregunta de qué le había parecido nuestra primera sesión, Stella dijo que le «ha gustado mucho» y que estaba «impaciente por seguir trabajando juntos». No había ninguna pregunta que no le hubiera causado sorpresa. Apreciaba el hecho de que no le hubiera preguntado por su situación. Fijamos nuestra próxima cita para una semana más tarde.

Stella se presentó puntual a nuestra segunda entrevista. No solo superó el objetivo inicial de pasar dos días sin drogarse, sino que añadió otros dos días de abstinencia. «¡Guau! ¡Has entendido cómo salir de esta situación!», le dije. «¿Qué habéis descubierto tú y Sherlock Holmes?». Aunque se había olvidado de traer la lista de los indicios sobre qué era lo que había funcionado, me dijo que lo primero de la lista era «visualizar a Will tocando *Stairway to Heaven* para ella, mantenerse alejada de los bares, ir a cuatro clases de yoga, salir a menudo con Tabitha y mantenerse muy ocupada». Le expliqué que el último indicio importante descubierto por ella me recordó a una excliente alcohólica que decía: «Si me mantengo ocupada me mantengo alejada de los problemas». Para aquella cliente era la fórmula del éxito, que finalmente la llevó a superar el alcoholismo. Stella está de acuerdo en ocupar el tiempo libre con actividades positivas, como «reanudar el trabajo académico» e «ir a las clases de yoga». En el primer lugar de la lista figura también mantenerse alejada de las «fiestas de la hermandad de estudiantes del campus». Al parecer, en estas fiestas la droga y el alcohol circulan en grandes cantidades. Fue interesante anotar que, incluso en los días en que cedió a la tentación de fumar marihuana y beber alcohol, se limitó a «dos o tres caladas de marihuana» y «un vasito» con los amigos. Por lo general, Stella se habría fumado uno o dos porros ella sola y habría bebido «tres o cuatro vasos de whisky o de vodka». Examinamos juntos cuál había sido su secreto, cómo había conseguido mantener el control y limitar el consumo de hierba y whisky o vodka. Dijo que quería someterse a una especie de «test», para comprobar si era capaz de «mantener el control». Estaba «realmente sorprendida» de sí misma. Le dije que parecía que lo había conseguido. Stella estuvo de acuerdo. Traté de descubrir con ella qué haría para aprovechar estas experiencias y mantener el control en el futuro. Los días en que realmente tenía «ganas de fiesta» notó que el deseo de consumir drogas descendía, hasta «perder completamente las ganas de tomarlas».

Cuando le pedí que se pusiera una nota, teniendo en cuenta la semana transcurrida, se puso un 6. Luego le pregunté qué haría la semana siguiente para llegar al 7. Stella previó «mantenerse muy ocupada» durante el tiempo libre, «trabajando en el laboratorio de arte, acabando los trabajos de la escuela, yendo a más clases de yoga y manteniéndose alejada de Nick y Tammy y de las fiestas de la hermandad de estudiantes». Afirmó que querría «intentar repetir y tal vez superar el récord anterior, manteniendo la abstinencia durante cinco días».

Para ayudarla a «jugar a la defensiva» y a enfrentarse a cualquier preocupación, le pregunté si en los días en que había ido de fiesta había sucedido alguna cosa que todavía la turbara. Aunque se había controlado, una noche había «dormido con un tío en una hermandad», luego había regresado a casa: «compré una bolsa grande de patatas fritas y caramelos, me lo comí todo, me corté un par de veces en un brazo y una hora después vomité». Después de haberme explicado esto, se sintió muy abatida.

Para evitar una conversación realmente deprimente para ella, le expliqué que la hierba y el alcohol van juntos con la autolesión, los atracones y las consiguientes conductas de eliminación; de hecho, estas se lanzan sobre las personas cuando se sienten sucias, avergonzadas, culpables, «drogadas y borrachas». Le mostré que estaba olvidando el hecho de que, en los tres días en que había consumido drogas, solo en uno había cedido a la tentación de autolesionarse y de atracarse para vomitar después. Era otro ejemplo de su estrategia creativa de «mantener el control» y de «reducir más» sus hábitos. Stella se animó de nuevo y estuvo de acuerdo en ver este pequeño retroceso en sus malos hábitos como un signo más de sus buenos progresos.

Antes de hacer una pausa en la sesión, se excusó por no haber realizado la pintura surrealista de uno de sus sueños. Dijo que había tenido que trabajar mucho para la escuela y que no había tenido tiempo de hacerlo. Le dije que no era un gran problema y que, además de recuperar en los estudios, se había comprometido a fondo y había concentrado la mayor parte de su atención en retomar el control de su vida, y que había hecho un excelente trabajo.

Después de la pausa subrayé los numerosos cambios obtenidos en el plazo de una semana y la felicité por ello. Destaqué más aún su excelente estrategia de «reducir más» las ocasiones de recaída y los episodios de autolesión, de atracones y vomitonas. Además la felicité por haber descubierto que «mantenerse ocupada» durante el tiempo libre la mantiene alejada de los problemas. Es importante fomentar una actividad que funciona. Por último, le hice observar que los hábitos son taimados y pueden «echarle la zancadilla» cuando menos se lo espera, como cuando tenía ganas de hierba o de alcohol, y se sentía estresada o frustrada, o cuando deseaba el placer inmediato; era importante que se mantuviera alerta, dispuesta a hacer algo sano y bueno para ella misma, como ir a clases de yoga, comer más fruta y verdura, o imaginar a Will tocando para ella *Stairway to Heaven*. Le prescribí a Stella dos experimentos terapéuticos:

1. Durante las dos semanas siguientes, querría que anotases diariamente qué harás para evitar la tentación o la necesidad de tomar drogas. Fíjate en lo que funciona mejor y hazlo varias veces.
2. Mira un par de películas antiguas en blanco y negro de Sherlock Holmes, tú sola o con Tabitha, y presta la máxima atención a los métodos que utiliza para resolver los crímenes. Fíjate en si hay algo que puedas aprender para ayudarte a progresar y «dar una patada» a tus hábitos, y que te permita subir un peldaño más en la escala, hasta llegar al 7.

Como muestra de confianza, le propuse unas breves vacaciones de dos semanas para trabajar en estos dos experimentos.

Tercera sesión

Stella se presentó antes de la hora acordada, sonriente. Había pasado las dos semanas sin caer ni una sola vez en ninguno de sus hábitos. Ante esta noticia me quedé muy sorprendido. Le pregunté: «¿Eres consciente de lo que has logrado?». Stella respondió: «Ahora voy a yoga cuatro veces a la semana, me mantengo alejada de Nick y Tammy, de las fiestas de la hermandad, de los bares; me he vuelto vegetariana, he utilizado la estrategia de imaginar a Will; ahora estoy al día con el trabajo escolar y paso más tiempo en el laboratorio de arte, y he visto tres películas en blanco y negro de Sherlock Holmes con Tabitha». En este momento se puntúa con un 8+.

Tras haber visto la película, Stella se inspira en Sherlock Holmes: «Sé mejor observador; busca las anomalías que aparecen en las distintas situaciones y no pierdas de vista el marco general; sé más paciente; conviértete en una oyente mejor; mantén la mente abierta y haz más preguntas; concédete más tiempo para reflexionar sobre tus impresiones y sobre las decisiones importantes, en vez de lanzarte de cabeza y dejarte llevar por la corriente». Me impresionó mucho la cantidad de tiempo, energía y pensamientos que Stella había dedicado al experimento de la película de Sherlock Holmes. Era un ejemplo realmente importante de cómo aprovechar lo que había aprendido de Sherlock Holmes. Tabitha y Stella salieron a cenar y dos estudiantes universitarios muy atractivos las invitaron a ir a una fiesta con ellos al campus. En primer lugar Stella se fijó especialmente en que uno de los muchachos le miraba los pechos. Stella pensó que, como los otros chicos de los clubs de la hermandad, probablemente estaba pensando en ponerla «eufórica» y hacerla beber para luego aprovecharse de ella. Dijo que quería hablar a solas con Tabitha antes de dar una respuesta a los chicos. Compartió sus preocupaciones y su amiga estuvo de acuerdo en que ir a la fiesta podía ser arriesgado. Ambas agradecieron a los muchachos su invitación y les dijeron que tenían otros planes. «¡Muy bien! ¡Sabia decisión!», le dije. «Sherlock Holmes habría estado muy orgulloso de ti y tal vez el doctor Watson debería temer perder su empleo».

Tras nuestra reflexión sobre lo que había aprendido de Sherlock Holmes y del uso que de ello había hecho en su vida privada, Stella sacó un tema del que no habíamos hablado antes: la relación con su padre. El tema surgió de la consideración de cómo aquellos chicos en el restaurante se habían fijado en sus pechos. Al parecer, en su adolescencia y al empezar a ver a su padre como un adulto, cuando este la abrazaba le «ponía las manos en el culo». Esta actitud siempre la hizo sentirse incómoda, pero Stella nunca dijo una palabra ni intentó detenerlo. Le pregunté qué querría hacer ahora en relación con este tema, y me respondió que tenía sentimientos muy ambivalentes al respecto, Stella dijo: «Sé que me equivoqué, pero quiero mucho a mi padre y lo siento por él». Después añadió: «Pasó por momentos realmente difíciles cuando perdió el trabajo y vivió mucho tiempo en la calle». Valoré sus sentimientos ambivalentes y la preocupación por no querer romper el equilibrio con su padre. No obstante, le advertí que estaba autorizada a expresar sus sentimientos al padre respecto a su comportamiento inapropiado y que hay límites que hay que respetar. Stella admitió abiertamente que «ser tocada de este modo durante tanto tiempo me hizo empezar a dudar de lo que puedo ofrecer a los hombres: no soy más que un pedazo de carne».

Es evidente que estos pensamientos y sus experiencias pasadas contribuyeron a su promiscuidad sexual y alimentaron los otros hábitos autolesivos. Stella era consciente de este círculo vicioso y de cómo la había dominado. Decidió que trataría este problema con su padre e intentaría resolverlo con él de una forma constructiva. Antes de la pausa habitual, le dije que sabía que se requería mucho valor para compartir aquella cuestión conmigo y que apreciaba el hecho de que confiara en mí. También quería que supiese que era libre de aportar a nuestras sesiones cualquier otro pensamiento desagradable respecto a su padre o a experiencias familiares pasadas de las que quisiera hablar.

Después de la pausa, destaqué el gran trabajo realizado en las últimas dos semanas y la felicité por ello. Le expliqué que a veces, cuando las personas sacan a la luz temas desagradables o secretos, este hecho puede hacerlas más vulnerables en relación con sus hábitos. Le recomendé firmemente que se repitiera a diario, en silencio, el mantra «mantenerme ocupada me aleja de los problemas» y que dedicara más tiempo a las cosas que funcionan. Me preguntó si podía traer a Tabitha a la próxima sesión para que la conociera. Estaba ansioso por conocerla. Decidimos, de común acuerdo y en vista de los progresos realizados, que nos veríamos al cabo de un mes. Le pedí que hiciera estos dos experimentos terapéuticos:

1. Durante ese tiempo, me gustaría que Sherlock Holmes estuviese orgulloso de ti: utiliza tus dotes naturales de gran detective, aplicando los instrumentos y las estrategias adecuadas para combatir y neutralizar tus hábitos, encerrándolos para siempre en Scotland Yard.

2. Antes de nuestra próxima sesión con Tabitha, querría que explorases con ella algunas ideas sobre otras cosas que podría hacer para ayudarte a «mantener el control» y llegar al 9 +.

Stella abandonó la sesión de un humor excelente. Ella también se sentía orgullosa de haber sacado a relucir el problema de su padre.

Cuarta y última sesión

Stella llegó a la cuarta sesión acompañada de Tabitha. Dediqué los minutos iniciales a conocerla. Me quedé muy impresionado de lo dinámica y brillante que era Tabitha, de lo interesada que estaba en Stella y de lo que se había esforzado por fortalecer su amistad. Tabitha procedía de la costa Este, a una hora de la ciudad de Stella. Al igual que Stella, estaba especializada en arte y estaba matriculada en el mismo programa. Me confió que había tenido algunos problemas del mismo tipo que los de Stella, concretamente consumo de drogas y bulimia. Explicó con orgullo que estaba «limpia de droga desde hacía dos años y libre de sus problemas de bulimia desde hacía tres». Para subrayar su valor en la superación de esos hábitos, le pregunté cuál había sido su secreto, cómo había conseguido librarse de ellos. Afirmó: «Me mantuve alejada de ciertas personas y lugares, y aprendí a reconocer otros estímulos detonantes, como por ejemplo ciertos fragmentos de canciones, pensamientos irracionales y estados de ánimos». Añadió: «Si me mantengo superocupada durante el día llego a la noche tan cansada que estoy deseando acostarme». Me dirigí a Stella y le dije que era muy afortunada por tener una amiga como Tabitha. Me sonrió y dijo que estar con Tabitha era «un verdadero placer».

Le pregunté si creía que Tabitha podía ayudarla de algún otro modo a mantener el control. Tabitha ha sido «de gran ayuda, como un ángel custodio para mí, me ha ayudado a tomar decisiones cuando estaba estresada y a elegir adecuadamente. No te ofendas, Matthew, pero salir con Tabitha es, hoy por hoy, la mejor terapia para mí». Todos nos echamos a reír; le digo a Tabitha: «Ella cree que tiene problemas, ¡pero tendrías que escuchar los míos! ¿Puedo ir a verte para una consulta?». Tabitha respondió, riendo: «Por supuesto, cuando quiera».

Cambié de tema y le pregunté a Stella: «¿Qué es lo que ha funcionado mejor desde que nos vimos por última vez?». Me dijo con orgullo: «No he recaído en ninguno de mis viejos hábitos, y como nota ¡me pongo un 9 +!». Tabitha intervino diciendo que ella le pondría un 10 a Stella. Le pregunté por qué y Tabitha dijo: «¡Está haciendo las cosas fabulosamente bien!». Quise saber si también era la presidenta del club de fans de Stella; las muchachas se rieron. En un intento de poner en evidencia las diferencias, le pregunté a Stella qué diferencias percibía en ella misma respecto a la persona atrapada en sus hábitos autodestructivos. Me respondió que «ahora soy más feliz, tengo más control, estoy más segura de mí misma y me siento más en paz». Invité a Tabitha a pensar en cómo veía a Stella al comienzo de aquel año académico, cuando sus hábitos la dominaban, y cómo la veía ahora. La amiga estaba «de acuerdo en todo lo que había dicho Stella. Parece más sólida, menos descontrolada, y está demostrando una capacidad de juicio mejor a través de las decisiones que toma».

Stella tenía la sensación de haber alcanzado, por el momento, sus objetivos y, en ese punto, decidió prescindir durante una temporada del *counseling*. De acuerdo con ella, le dije que había avanzado mucho y que estaba muy orgulloso de ella. Me sentí completamente tranquilo al dejarla en manos de su mejor amiga. Le dije que mi puerta siempre estaría abierta, si en un futuro tenía necesidad de una «puesta a punto». Decidimos, de común acuerdo, poner fin a las sesiones.

Follow-up

Hablé con Stella seis meses y un año más tarde. En realidad, no solo hablé con ella, sino que me invitó a visitar una galería donde exponían algunas de sus mejores obras. Me sorprendió mucho su talento como artista surrealista. En la exposición tuve oportunidad de ver también a Tabitha, quien me dijo que «Stella estaba espléndida».

En ambas ocasiones, Stella me explicó: «No he tenido ni una recaída» en ninguno de sus viejos hábitos, que estaba muy bien y que las cosas también iban muy bien desde el punto de vista académico. Recibí asimismo dos llamadas de su madre, que estaba «contentísima de la nueva Stella» y muy agradecida por mi ayuda.

Reflexiones sobre el caso

La larga historia de tratamientos y los distintos comportamientos autodestructivos habrían puesto en dificultades incluso al terapeuta más experto. La historia familiar de problemas con el alcohol y las drogas, y las delicadas cuestiones de la relación de Stella con el padre hicieron el caso más complejo aún. Habría sido muy fácil caer en una parálisis terapéutica o perderse en el laberinto de los problemas presentados por Stella, si nos hubiésemos limitado a mirar lo que se suponía que había de equivocado en ella. Sin embargo, siguiendo el famoso poema de Robert Frost *El camino no elegido*, decidí tomar, en la bifurcación del bosque, el camino menos transitado, y esto marcó la diferencia. En las experiencias terapéuticas anteriores no se habían utilizado los puntos fuertes, los recursos, los talentos, las pasiones y las metáforas de la vida de Stella. Yo me apoyé en sus talentos únicos y en su inteligencia visual-espacial para liberarla de la mordaza de los hábitos autodestructivos. Todos los experimentos terapéuticos incidieron en un área clave de Stella, esto es, su fuerza visual-espacial, como visualizar la película de su exnovio tocando para ella su canción preferida de Led Zeppelin o, por ejemplo, utilizando su pasión por Sherlock Holmes y por las viejas películas en blanco y negro para descubrir y experimentar nuevas soluciones. Además, se le ofreció la oportunidad de aprovechar su conocimiento del arte surrealista reproduciendo sus sueños en una obra de arte. Cuando en las sesiones se charla y se juega con lo que es divertido y significativo para nuestros clientes, la experiencia terapéutica se convierte en un «espacio lúdico» de infinitas posibilidades. Trabajar de este modo hace que el cambio resulte menos inquietante y favorece rápidamente las relaciones de colaboración.

En la tercera sesión surgió un hecho sorprendente que no había previsto. Stella sacó a relucir la delicada cuestión del padre. Me pareció fascinante el modo como la muchacha relacionaba al estudiante universitario que le había mirado los pechos con los recuerdos del padre que le ponía las manos en el trasero y la hacía sentir incómoda. En realidad, pensé que para ella era importante haber tomado una postura con los hombres que ven y tratan a las mujeres como un objeto para su placer sexual. Esto supuso un auténtico viraje terapéutico: fijar límites, establecer fronteras y rechazar la invitación de aquel muchacho. Stella incluso consiguió combatir con éxito sus hábitos sexuales de riesgo; sabía que, si hubiese cedido a sus impulsos, estos hábitos inevitablemente habrían activado el «subidón» de drogas y alcohol, las autoagresiones, los atracones y las consiguientes conductas de eliminación. Dejé en manos de Stella la facultad de decidir respecto al problema con el padre y de elegir si quería hablar de ello o no.

Muchos terapeutas habrían caído en la tentación de preguntarle directamente si su padre había abusado de ella. Sin embargo, esto habría sido muy peligroso para Stella y habría provocado una recaída en sus hábitos autoagresivos y un posible pensamiento suicida. He visto a demasiados clientes que se han visto incitados a trabajar sobre traumas sospechados por el terapeuta, sin respetar sus defensas, victimizándolos o arriesgándose a orientarse hacia un intento de suicidio. Corresponde al cliente establecer el programa terapéutico y los contenidos tratados. Aun cuando los pacientes hayan sido traumatizados en el pasado, corresponde a ellos decidir si quieren trabajar en este aspecto o no. En caso afirmativo, se pueden tratar los efectos en el «aquí y ahora», en forma de *flashback*, ansiedad y ataques de pánico, autoagresión, etcétera. No es necesario retroceder en el tiempo y reexaminar a fondo el hecho doloroso, a menos que el cliente crea que esto le puede resultar útil. Es igualmente importante dejar que los clientes nos hagan comprender cuándo se sienten cómodos hablando de ciertos hechos traumáticos y cuándo, en cambio, hay que pasar a otra cuestión. Finalmente, es importante que los clientes sepan de antemano que podrían experimentar un aumento del nivel de ansiedad y una posible desviación de sus objetivos, tras haber hablado en la sesión de temas desagradables o de ciertos secretos. De este modo, si los clientes tuvieran problemas después de la sesión no se sentirán como si hubiesen vuelto al punto de partida. Con Stella jugué a la defensiva y le anticipé que sus hábitos podían imponerse tras haber compartido conmigo estos temas desagradables. No obstante, Stella me contradijo y mantuvo el control.

El último aspecto importante del trabajo desarrollado con Stella fue tener con nosotros en la sesión a su amiga Tabitha. Fue muy interesante el hecho de que Stella llevara a Tabitha a nuestra entrevista, porque contribuyó sustancialmente al éxito de su tratamiento, actuando de soporte. Cuando los clientes realizan avances significativos en su tratamiento, debemos apartarnos y estar dispuestos a depositarlos en las manos de quien les está ofreciendo su apoyo dentro del sistema. Stella expuso perfectamente esta idea cuando dijo: «No te ofendas, Matthew, pero salir con Tabitha es, hoy por hoy, la mejor terapia para mí».

Caso clínico 3. Trastorno autolesivo severo tratado con solución alternativa al problema

Por Matthew D. Selekman

Presentación del caso y tratamientos anteriores

Ann, de 15 años, llega hasta mí a través de un enfermero, amigo de la madre, que conocía mi trabajo con adolescentes autoagresivos. Cuando la madre contactó conmigo, me explicó que la vida de Ann siempre había sido «como subir a la montaña rusa desde los 12 años». En su antigua escuela privada, una institución católica, Ann «era objeto de burlas y de rechazo por parte de las chicas más populares», que «habían propagado rumores malintencionados sobre su condición de lesbiana» y habían recurrido a todos los medios para poner a las otras compañeras en contra de Ann. La situación había empeorado hasta el punto de que Ann entró en «una depresión profunda y comenzó a torturar su cuerpo con una hoja de afeitar un par de veces al día». La asistenta social de la escuela y algunos profesores vieron las marcas de los cortes y, creyendo que eran intentos de suicidio, informaron al director, quien animó a los padres a ingresar a su hija en una clínica psiquiátrica, aunque ella no estaba de acuerdo, ni pretendía quitarse la vida.

Ann permaneció tres semanas en el hospital, le diagnosticaron un trastorno *borderline* de personalidad y fue sometida a terapia farmacológica con un antidepresivo (sertralina clorhidrato). Poco después de haber sido dada de alta, Ann volvió a cortarse y acabó de nuevo en el hospital. Tras ser estabilizada y dada de alta por segunda vez, comenzó una terapia individual basada en una serie de entrevistas ocasionales junto con sus padres. Convencida de que no la estaba ayudando, Ann comenzó a rechazar el fármaco y los padres, cansados de luchar con la hija, aceptaron la interrupción.

Según la madre, Ann empezó de nuevo a ser molestada en la escuela y «comenzó a despellejarse profundamente la piel hasta llegar en una ocasión a verter lejía en las heridas». Esto determinó su retorno al hospital psiquiátrico, donde permaneció ingresada un mes. Una vez dada de alta, Ann expresó con vehemencia el deseo de ver a un terapeuta distinto, de modo que la madre contactó conmigo para una terapia familiar. La primera cita se produjo seis días después de que Ann fuera dada de alta en el hospital. Antes de nuestra primera sesión de terapia familiar, prescribí a la madre el experimento de pretratamiento, esto es, anotar con atención diariamente todos los signos de coraje y de responsabilidad por parte de Ann, teniendo en cuenta lo que ella o su marido hacían para estimular los comportamientos positivos y para evitar que la situación empeorase. Le pedí a la madre que hiciera una lista con sus observaciones y la llevara a la primera sesión.

Primera sesión de terapia familiar

A la primera sesión de terapia familiar se presentaron los padres de Ann, Lisa y Tom, mientras que Steven, el hermano de 17 años, se negó a asistir. Según el padre, Steven es un muchacho muy impulsivo, suele pelearse con Ann y odia las consultas. Al parecer, en el pasado Steven fue tratado por dos terapeutas privados y por la asistenta social de la escuela debido a sus problemas de control de la rabia. Después de haber construido una relación con cada uno de los miembros de la familia y de haberlos conocido a través de la información de sus puntos fuertes, talentos y pasiones, le pedí a Lisa que compartiera con la familia las observaciones sobre cómo su relación con Ann y la familia había mejorado a través de las formas de prevención puestas en práctica para lograr que las cosas no empeorasen. Lisa miró la lista y observó que Ann se estaba aislando menos de la familia, había hablado con un amigo un par de veces; Tom no gritaba a Ann o a ella tanto como antes y Ann había aceptado dar un largo paseo con ella. Tanto Lisa como Tom estuvieron de acuerdo en que se trataba de nuevas evoluciones positivas. Sin embargo, Ann tenía muy poco que decir, y las acciones positivas de sus padres le parecían carentes de significado. En efecto, mantuvo muy poco contacto ocular con su padre y permaneció bastante tranquila. Los padres compartieron sus sentimientos de desesperación por la situación de Ann en relación con el acoso escolar y al comportamiento autolesivo.

En ese momento de la sesión, planteé la *pregunta milagro*, y obtuve un largo silencio por respuesta. Al cabo de un rato Lisa dijo: «Querría que Ann dejase de cortarse y así yo me preocuparía menos por ella». Tom, tras haber confirmado que querría los mismos milagros que la mujer, añadió que Ann debería «dejar de molestar a Steven yendo a su habitación a coger sus cosas». Ann replicó: «¿Pero qué dices? Steven entra en mi habitación cuando quiere ¡y revuelve todas mis cosas!». Cuando le pregunté a Ann cuál sería su imagen del milagro ideal, la muchacha respondió que le fueran claramente visibles los cambios en la actitud del padre y del hermano. Pregunté a la familia si alguna parte del milagro ya había sucedido, y Lisa repitió todos los cambios producidos con el pretratamiento presentados al inicio de la sesión.

Siguiendo las huellas de su pesimismo, planteé una pregunta de afrontamiento para descubrir qué pasos estaba dando Lisa que pudieran impedir el empeoramiento de la situación. Lisa indicó que estaba haciendo dos cosas para evitar que la situación empeorase. La primera era llevar a Ann a dar largos paseos con ella por el parque cercano a su casa, para huir de la situación familiar estresante y poder relajarse. Tenía la sensación de que esto había ayudado a abrir líneas de comunicación con Ann. En segundo lugar, había tomado la iniciativa de afrontar las situaciones duras en vez de dejar que Tom las gestionara por sí solo. Tom reconoció que había sido una buena idea, porque en esas situaciones se enfadaría y empezaría a gritar y a decir cosas ofensivas de las que luego se arrepentiría.

Luego, le pedí a la familia que seleccionara una serie de preguntas que ayudarían a establecer objetivos y *target*. En una escala del 1 al 10, en la que 10 es el día siguiente al milagro, pregunté a cada uno de los miembros de la familia dónde se situarían en aquel momento.

Los padres puntuaron la situación con un 4 y Ann con un 5. Hablé con ellos sobre el hecho de que estuvieran en el 40 % y el 50 % del recorrido. Pregunté a los padres y a Ann qué harían para subir un peldaño más, y situarse respectivamente en un 5 y en un 6. Lisa respondió que pasaría más tiempo con Ann, manteniéndola ocupada en su tiempo libre para evitar que se aislase en su habitación, y que, en los momentos de estrés, iría a hablar con ella de la situación. A continuación Ann dijo que trataría de percibir la consecución de este objetivo durante la semana siguiente. Para optimizar la cooperación de Ann en la consecución del objetivo de la madre y para instar a la adopción de medidas específicas y reforzar mi alianza con ella, decidí que continuaríamos la sesión nosotros dos solos.

Tras haberme quedado a solas con Ann, le pregunté en qué podía ayudarla. Ann no lograba pensar en nada que pudiera contribuir a mejorar su situación. Luego le pregunté si había algo en particular que la preocupara realmente y que no hubiera salido a la luz delante de sus padres. Ann se sinceró contando que su padre se pasaba el día gritándoles a ella y a su hermano porque dejaban la casa desordenada y se peleaban constantemente. Añadió además que su padre tenía miedo de Steven porque físicamente era mucho más fuerte que él, hasta el punto de que en una ocasión le dio un puñetazo en la cara. Al parecer, después de este episodio, el padre solo le grita a Steven y ha renunciado al intento de ponerle límites. Ann también confiesa que respeta muy poco a su padre.

Para no repetir las cosas que no funcionaron con mis colegas en el pasado, le pregunté a Ann qué habían hecho los terapeutas anteriores para empeorar la situación. Ann respondió diciendo que el personal del hospital en el que había estado anteriormente la trataba siempre con agresividad, y esto hacía que se pusiera a la defensiva. Además añadió: «Es como si estuvieran conferenciando sobre mí, hablaban constantemente de mí». Por otra parte, Ann creía que no necesitaba fármacos y que su médico «era un idiota». Cuando le pregunté por la psicóloga que la había tratado durante dos años, Ann subrayó que «permanecían sentadas sin hablar mucho» y que «ella me aburría». Le pregunté qué se les había escapado a mis colegas de su situación y qué era importante que yo supiese. Ann respondió: «Tiene que existir confianza antes de que pueda abrirme a un terapeuta» y «tratar de entender por qué me corto y de qué me sirve, en vez de intentar que deje de hacerlo». Otra cosa que a Ann no le gustaba de la psicóloga era su voluntad de establecer con ella un contrato de tipo «ni cortes ni suicidio». Ann sostenía que la psicóloga «no había entendido» que los cortes la estaban ayudando a enfrentarse a la vida: «¿Por qué debería renunciar a algo que realmente me ha funcionado?». Le agradecí a Ann que me hubiera confiado las cosas que yo debería evitar como terapeuta y le pedí que me corrigiera si cometía algún error en el camino terapéutico, a fin de poder detenerme y cambiar juntos la dirección.

A la pregunta de cuál era la utilidad de cortarse, Ann me respondió que «es como un amigo con el que siempre puedes contar para consolarte». Añadió además: «El corte nunca me ha decepcionado». Mirando su pasado, Ann sentía que no podía contar con sus padres porque su madre estaba «siempre ansiosa» y «mi padre siempre ha sido muy impulsivo y siempre está enfadado». Por tanto, Ann siempre había tenido que controlar la situación.

Una sorpresa positiva que Ann compartió conmigo era que en los últimos cinco días no se había cortado. Le pregunté cuál era su secreto y cómo lo había logrado; me respondió que, después de ser ingresada por tercera vez en el hospital, había grabado una especie de cinta en su mente que se activaba cuando pensaba en cortarse y decía: «No lo hagas, ¡podrías acabar de nuevo en el manicomio!». Ann me dijo que su último internamiento en el hospital había sido una experiencia realmente terrible, que la habían tenido en observación durante días «para impedir el suicidio». Asimismo el personal dijo que ella era «muy manipuladora» y esto la puso muy furiosa. Una vez fuera del hospital, Ann se prometió: «¡Nunca volveré a un sitio como este!». Ann generaba constantemente estrategias de afrontamiento creativas, de modo que traté de informarme acerca de otros posibles secretos que le hubiesen permitido no cortarse. Ann confesó que escribía poesías, que confeccionaba un álbum de recortes y que había reanudado la relación de amistad con Cindy, una vieja amiga a la que no veía desde hacía años y con la que había decidido contactar. Amplifiqué y consolidé todos los cambios importantes que se habían producido en Ann en el pretratamiento y le dije que, como una *cheerleader*, había sacado mucho provecho de su creatividad e iniciativa. Ann respondió con una gran sonrisa y un «gracias».

Llegados a este punto, le pregunté a Ann cuáles eran sus objetivos respecto a ella misma, y respondió que le gustaría seguir evitando cortarse y reconquistar la relación con su madre. Le pedí a Ann que mirara en mi bola de cristal imaginaria cómo transcurriría su siguiente semana, describiendo al detalle los pasos que deberíamos dar para mantenernos alejados del comportamiento autolesivo. Ann vio su tiempo libre ocupado por las poesías, el álbum de recortes, su amiga Cindy, los paseos con su madre y las conversaciones sobre temas que no fueran sus problemas. Le pedí a Ann que mirara de nuevo en la bola de cristal imaginaria, que se viera paseando con la madre y que compartiera conmigo los temas de sus conversaciones. Ann explicó que intentaría hablarle de un chico muy guapo de la escuela que le gusta mucho. Ann se puso a reír y pensó que hablar de chicos con su madre estaría fuera de lugar. Al parecer, la madre le preguntaba a menudo si le interesaban los chicos, y ella pensó que sería «realmente guay» ser capaz de mantener conversaciones de este tipo con su madre. Era evidente que nuestra charla sobre la esfera de cristal estaba activando en Ann una fuerte dosis de emociones positivas. Además, pareció realmente entusiasmada ante la idea de alcanzar sus objetivos para la semana siguiente.

En este momento de la sesión, hice una pausa para escribir una serie de reflexiones destinadas a seleccionar algunos experimentos terapéuticos de acuerdo con los objetivos de los miembros de la familia. Cuando nos reunimos, en primer lugar felicité a los padres por su persistencia y su elevado nivel de compromiso en ayudar a Ann a vencer su problema y mejorar las relaciones con ellos. «Algunos padres en su situación habrían arrojado la toalla y habrían dejado de intentar otras intervenciones terapéuticas». Felicité a Lisa por su idea creativa de llevar a Ann a dar largos paseos como una forma relajante y sana de controlar el estrés y de mantener conversaciones significativas. Además, felicité a Lisa por haber observado que Ann estaba dando algunos pasos muy importantes para abstenerse de cortarse y optar por otras cosas mejores. Felicité a Ann por su creatividad e iniciativa de mantenerse ocupada escribiendo poesías, haciendo un álbum de recortes y reanudando las relaciones con su vieja amiga Cindy, y sobre todo por haber ideado un potente mensaje autoinducido que se opusiera a cualquier impulso a cortarse, como un amigo que le dijera: «No lo hagas, ¡podrías acabar en el manicomio!».

Comuniqué a la familia que les esperaba un duro trabajo en equipo para ayudar a Ann a mantener el rumbo: «Todos estáis trabajando duro para cambiar el clima emocional en casa, para mantener a Steven controlado y reforzar vuestras relaciones». También subrayé que junto con el cambio se producen resbalones, y que no han de ser considerados hechos desastrosos, sino una señal de que hay que reforzar más la estructura de las relaciones y evitar personas y lugares peligrosos. Después, propuse dos experimentos terapéuticos de familia, uno para los padres y otro para Ann, planeados para acentuar más los cambios autogenerados en el pretratamiento y favorecer la consecución de los objetivos iniciales:

1. Lisa y Tom, querría que la próxima semana sacarais vuestra «lupa imaginaria» y observarais atentamente los pasos que da Ann todos los días para llegar al 5. Mientras Ann observa las interacciones positivas con vosotros durante la semana, querría que en esos momentos tomarais nota de cualquier cosa que esté en vuestras manos hacer para contribuir al éxito de Ann. Podéis escribir todas vuestras impresiones y prepararos para comentarlas en la próxima sesión.
2. Ann, puesto que ya estás creando espontáneamente estrategias de afrontamiento y de *problem solving* que te están ayudando a no cortarte, querría evitar enredar demasiado las cosas. En realidad, desearía que la semana próxima compartieras con nosotros otras ideas creativas que te hayan ayudado a no cortarte. Trataremos de mantener estas simples cosas y anotar todos los días lo que harás para mantener el rumbo y hacer más progresos para llegar a 6, o algo más, la próxima semana.

Para concluir, le pedí a toda la familia que opinara sobre el resultado de la sesión. Los padres dijeron que tenían más confianza en que se solucionara el problema. Añadieron además que habían conocido una faceta distinta de Ann, la creativa e independiente. Ann dijo que le gustaba que yo fuese un terapeuta activo y positivo y añadió que se sentía mucho más optimista respecto a su problema de autolesión y a la mejora de la situación familiar. Cuando le pregunté si había otros temas o aspectos de la situación familiar que no hubieran surgido durante la sesión, ninguno de los miembros de la familia tuvo nada que añadir. Antes de que la familia abandonase la sesión, preparamos conjuntamente el plan del cambio. Los padres dijeron que desearían únicamente una terapia familiar, en cambio Ann preferiría una combinación de sesiones de terapia individual y familiar. Ni los padres ni Ann consideraron necesaria la presencia de otras personas con las que colaborar, y todos decidieron probar los dos experimentos durante la semana siguiente. Tras haber firmado todos, repartí a cada uno una copia del proyecto de cambio para que se lo llevaran a casa como un posible punto de referencia. Decidimos volver a vernos la semana siguiente.

Segunda sesión

Ann y sus padres se presentaron muy confiados y sonrientes a la segunda sesión. Cuando les pregunté: «Y bien, ¿qué otros progresos habéis hecho?», Ann estaba ansiosa por explicar que había conseguido no cortarse durante toda la semana. En respuesta a esta gran noticia, dije: «¡Guau! ¿Eres consciente de cómo lo has logrado?». Ann respondió que había utilizado la «cinta autoinducida» un par de veces cuando su hermano y un amigo suyo la estaban molestando. Había escrito algunas poesías nuevas, había continuado con el álbum de recortes y había dado tres largos paseos con su madre. Le pregunté a Ann si sus logros la habían hecho pasar al 6 o incluso al 7. Ann respondió: «¡Claramente un 7!». Intervino Lisa manifestando su orgullo ante el trabajo de Ann y su satisfacción por haberse enterado de su interés por Jesse, el chico de la escuela que le gusta a su hija. También Tom estaba tan entusiasmado con Ann que no gritó ni le hizo un solo reproche en toda la semana. Al parecer Steven intentó molestar varias veces a Ann durante la semana llamándola «psicótica» y diciéndole: «Muérete, ¿por qué no lo haces?», pero los padres habían intervenido a tiempo para mantenerla calmada y apartarla de Steven, como si fueran un equipo. Ann agradeció a sus padres la rápida respuesta y el hecho de haberla apoyado.

Después les pedí a los padres que pusieran una nota al comportamiento de Ann y ellos también le pusieron un 7. Precisamente para contribuir a «plantar» en sus mentes la semilla de la confianza en sus recursos y en la consecución de los objetivos, les dije que la mayoría de mis clientes acaban la terapia con un 7 y están bastante satisfechos de este resultado. También añadí que el 10 era muy raro en mis clientes.

Para contribuir a consolidar sus objetivos, pregunté a la familia cómo podrían volver atrás y estropear lo que habían conseguido. Ann declaró confiada que no tenía ninguna intención de dejar que las cosas empeorasen. En cualquier caso, expresó que para volver atrás bastaría dejar de utilizar sus estrategias de afrontamiento. Ann añadió que otro modo de hacer que la situación regresara al punto de partida sería aislarse de nuevo de la familia, poner fin a la comunicación con su madre y permitir que su hermano y sus amigos se metieran con ella; todos estos factores podrían poner en marcha de nuevo sus comportamientos autolesivos. Los padres estaban de acuerdo con Ann. Lisa añadió que para volver atrás debería ser de nuevo una madre ansiosa y obsesivamente preocupada por el bienestar de Ann, hacer preguntas del tipo: «¿Estás bien?» o «¿Has tenido deseos de cortarte, cariño?». Ann confirmó la exactitud de cuanto acababa de decir su madre y la felicitó por haberse portado bien evitando hacerle todas aquellas «preguntas fastidiosas». Pregunté a la familia si tenía dudas o si había habido algún problema que no hubiéramos tratado y al que debieran enfrentarse. Finalmente, les pedí que imaginaran otros escenarios negativos que pudieran activar de nuevo episodios de cortes y los pasos que habría que dar para volver al camino correcto. Ann mencionó el nombre de dos amigos drogodependientes con los que se había relacionado en el pasado y que le podrían causar problemas. Tanto Ann como sus padres propusieron cuatro respuestas constructivas distintas en el caso de que esta posibilidad se materializase.

En un intento de impulsar aún más a la familia por la senda del cambio, quise que dieran una mirada a mi bola de cristal imaginaria y les pedí que compartieran conmigo con todo detalle qué cambios se producirían a lo largo de las tres semanas siguientes. Ann se vio con su problema principal resuelto, hablando más con Jesse, dando largos paseos con su madre y conversando agradablemente con ella sobre chicos y citas. Lisa se vio paseando más con Ann y descubriendo otras actividades significativas que Ann desearía compartir con ella. Tom vio más tranquilidad y menos choques entre Steven y Ann.

Hablé a solas brevemente con los padres y los felicité por los esfuerzos que estaban haciendo por cambiar rápidamente el clima emocional y por haber formado un buen equipo. Animé a Lisa a seguir reforzando su vínculo emocional con Ann y le aconsejé que interviniera para aliviar el sufrimiento de su hija cuando pareciera necesitarlo, y para mantener abiertas las líneas de comunicación con ella. También animé a Tom a seguir absteniéndose de gritar y a concentrarse en los comportamientos positivos de Ann.

Antes de hacer la pausa habitual en la sesión, quise hablar un momento a solas con Ann para consolidar más sus resultados y para comentar los posibles retos futuros. Le confié que me sentía muy feliz de sus progresos; le pregunté además a cuánto ascendían sus honorarios y si estaría dispuesta a venir en calidad de asesora a ayudar a otras chicas que, como ella, estaban intentando salir de la prisión de los comportamientos autolesivos. Ann respondió con una gran sonrisa diciendo: «¡Para ti es gratis!». Intuitivamente, sentía que era importante revisar los retos de Ann y los problemas que podría tener con Jesse y con sus amigos drogadictos. Pero sobre todo pensé que, aunque Jesse fuera muy amable con Ann y, según ella, era «realmente guapo», no podía estar interesado en iniciar una relación seria con ella ni entonces ni en un futuro. Por tanto, animé a Ann a que actuara con cautela en la relación con Jesse y no se hiciera muchas ilusiones demasiado pronto, sino que se limitara a ver cómo evolucionaba la situación con el tiempo. Le indiqué que los otros chicos con los que había trabajado en situaciones similares acabaron destrozados cuando los asuntos del corazón no iban como habían previsto; le recomendé que viviera al día. Ann asintió y me agradeció que hubiera prestado atención a su interés por Jesse.

El otro posible peligro del que hablamos se refería a sus compañeros con un pasado negativo que iban a su misma escuela, y las nuevas chicas crueles que podrían propagar rumores malintencionados sobre ella. Le expliqué hasta qué punto pueden ser psicológicamente malvadas las chicas de su edad. Es interesante anotar que Ann señaló que había visto a dos excompañeras de escuela volverse hacia ella y reírse al pasar a su lado. En vez de enfadarse, se lo guardó para sí y luego lo comentó con su madre. Tratamos de exponer una serie de ideas sobre otras soluciones que podía adoptar en el caso de que se produjesen otras interacciones de este tipo con sus compañeras o en el caso de rumores malintencionados sobre ella: Ann dijo que podría ir a hablar con el director o con su *counselor* de la escuela; daba la impresión de que confiaba en poder controlar la situación, si se presentaba la ocasión.

Después de la pausa, convoqué de nuevo a la familia y los felicité una vez más por todo lo que habían hecho. Les dije que cuando se encuentran cosas que funcionan hay que mantener el rumbo y evitar perder el enfoque. Como gesto de confianza en la familia les ofrecí unas vacaciones de la terapia de dos o tres semanas. Decidieron programar su próxima cita para tres semanas más tarde.

Prescribí dos cosas a la familia:

1. Durante las vacaciones quiero que anotéis diariamente los pasos que pretendéis dar para llegar al menos al 8.
2. Ann, debes elegir una de las semanas de vacaciones de la terapia para hacer de maestra a tu madre y enseñarle cómo consigues que tus álbumes de recortes sean únicos y especiales. Cada «lección» debe durar un mínimo de 30-40 minutos, y no se permiten interrupciones ni pausas de ningún tipo.

La familia aceptó cumplir las dos tareas y a Lisa le encantó la idea de que su hija le enseñase a hacer álbumes con recortes. Al parecer, Lisa guardaba algunas cajas con fotos antiguas y recuerdos de su pasado que sería «estupendo utilizar» de una forma atractiva. Ann también pensó que sería divertido. Antes de finalizar la sesión les hice saber que el cambio es una cosa divertida y que a veces exige dar tres pasos hacia adelante y dos pasos hacia atrás. Les dije que estaba completamente seguro de que, incluso en caso de recaída, disponían de instrumentos y de iniciativa suficientes para salir y regresar al camino correcto.

Tercera sesión

Poco antes de la tercera sesión de terapia familiar, se produjo una crisis en la escuela: dos compañeros de la escuela de primaria de Ann, que ahora están en secundaria, difundieron el rumor de que Ann era una «puta» y enviaron SMS, correos y mensajes en Facebook diciendo que ofrecía «mamadas gratis». Aunque Ann se fue de la escuela llorando y cayó en un breve episodio de autolesión, fue capaz de evitar que se produjese una auténtica recaída y llamó de inmediato a sus padres al trabajo para explicarles lo que había ocurrido. Por primera vez en muchos años, según Ann, su padre la apoyó y llamó al gerente del instituto, al director y al *counselor*, amenazándolos con denunciarlos si no tomaban medidas inmediatamente contra esos chicos. Poco después me llamó para explicarme lo que había sucedido. Yo también llamé a la escuela y hablé con el director y con el *counselor* de Ann de la necesidad de que intervinieran contra los casos de acoso de los que era víctima Ann. Tom y Lisa corrieron a casa a recoger a Ann y acompañarla al instituto para una reunión urgente con el gerente de la escuela, el director y el *counselor*. En la reunión, Ann reveló el nombre de los dos responsables y de otras dos chicas que se habían dedicado a divulgar aquellas terribles habladurías sobre ella. Los dirigentes escolares fueron de gran ayuda y prometieron tomar medidas de inmediato. Al parecer, ya aquella misma tarde las chicas, con sus respectivos padres, se reunieron con los funcionarios de la escuela. Los padres se mostraron muy afectados por las acciones de sus hijas, prometieron castigarlas y, a petición de los funcionarios de la escuela, las obligaron a escribir una carta a Ann y a su familia pidiéndoles disculpas. Además, las chicas fueron expulsadas una semana.

Al día siguiente de la crisis tuvo lugar nuestra sesión. Ann parecía deprimida, explicó que se sentía emocionalmente destrozada por lo sucedido y que había tenido una recaída. Le quité importancia a la recaída recordándole que no habría podido tener una recaída si no hubiésemos realizado ya grandes progresos. Le pregunté a Ann qué secreto utilizó para poder limitar el comportamiento autolesivo a un único corte superficial en vez de destrozarse el cuerpo con una hoja de afeitar o, peor aún, de intentar quitarse la vida. Ann respondió que, después del primer corte, empezó a repetirse a sí misma: «Has progresado mucho, no les des a Cassie y Marissa [las dos chicas responsables de lo sucedido] lo que quieren, ¡no dejes que te hagan enloquecer!». Yo exclamé: «¡Guau! Esto es muy importante, ¡la intuición ha madurado con la recaída!». Le pregunté si había hecho alguna otra cosa para volver rápidamente al buen camino. Ann explicó que llamar a sus padres había sido «una verdadera ayuda». Aparentemente, los padres la calmaron «de manera muy afectuosa», y a Ann le sorprendió mucho ver cómo su padre la «defendió en el instituto». Tom interrumpió a su hija diciéndole que la quería y que no permitiría que nadie le hiciera daño, y Ann estuvo de acuerdo en que esta crisis y el modo como su padre la había gestionado habían contribuido a aproximarlos. Lisa reconoció que Tom y Ann se sintieron mucho más unidos por la crisis. Los padres le dijeron a Ann lo orgullosos que estaban de ella por la manera como había conseguido enfrentarse a un problema tan devastador. Además creían que Ann no había retrocedido, es más, le ponían un 8 en la escala por su comportamiento. Ann se volvió hacia sus padres y les sonrió, diciéndoles que se sentía muy feliz por su apoyo y su amor, y también se puso un 8.

Le pregunté a Lisa qué tal había ido el deber que le había impuesto, y me explicó que su hija era una maestra excelente y también muy paciente; Ann había ayudado a su madre a hacer dos espléndidos álbumes de recortes. A Lisa le sorprendió tanto la habilidad de su hija que estaba pensando en matricularla en algún curso en su barrio. Ann consideró que la experiencia como maestra había sido muy divertida y que se habían reído mucho cuando su madre cometía «errores realmente tontos».

Antes de la pausa habitual, pedí quedarme a solas con Ann. La felicité por su excelente labor como maestra y por la forma como había conseguido salir rápidamente de la crisis. Reflexionamos sobre la crisis como oportunidad y sobre el hecho de que, en su caso, la había acercado al padre y la había hecho más fuerte, más resiliente y la había dejado mejor preparada para gestionar otras pruebas futuras. También subrayé que esta recaída le serviría como trampolín de lanzamiento para los cambios futuros. Ann sonrió y parecía más aliviada. Hablamos de lo que haría en el instituto si las chicas intentaban hacerle daño de nuevo. Ann respondió que había preparado un protocolo de intervención para concienciar a los profesores y obtener el permiso para ir al despacho de su *counselor*.

Para proporcionarle otros instrumentos de afrontamiento a los que recurrir en los momentos de trastorno emocional, le enseñé la «meditación con el sonido» y el «viaje al país de las palomitas». Ann realizó ambas meditaciones durante ocho minutos; explicó que ambos ejercicios la habían «serenado» realmente. La animé a practicar cada una de esas meditaciones una vez al día hasta que nos viéramos de nuevo.

Convoqué de nuevo a los padres y los felicité por haber sido tan afectuosos y haberse implicado tanto en el bienestar de Ann. Le dije a la familia que había realizado un excelente trabajo de equipo en la gestión de la crisis y, tal como había hecho observar a Ann, informé también a los padres de que una crisis puede verse como una oportunidad, sobre todo en los cambios dramáticos que se producen en el seno de una familia. Uno de los principales cambios que tanto Lisa como Ann habían observado era el modo como Tom había apoyado a Ann en la escuela. Ann felicitó de nuevo a su padre por haberse mostrado tan amable y afectuoso con ella, y para subrayar esta faceta de Tom me levanté de la silla para comprobar la solidez de su bíceps derecho y destaqué que era imposible que la escuela pudiera golpear a un padre tan robusto. Todos se echaron a reír. Tom también estaba satisfecho de cómo había gestionado la situación de crisis y le hacía feliz que su relación con Ann estuviese mejorando.

Finalmente, felicité a Ann por sus excelentes dotes de maestra y por la manera como se había enfrentado a la crisis. Hice que padres e hija firmaran la autorización para colaborar con el *counselor* escolar en caso de que fuera necesario. Al parecer, la escuela también había pedido el consentimiento firmado para hablar conmigo, en caso de necesidad.

Como prueba de mi confianza en ellos les pregunté si querían volver al cabo de cinco o seis semanas. Decidieron volver en seis semanas.

Sugerí tres experimentos terapéuticos:

1. Anotad diariamente qué otros pasos estáis dando para llegar al 9.
2. Tom, deberías elegir un día de la próxima semana al que llamaremos «el día especial de Ann», en el que ella propondrá una serie de actividades que querría hacer contigo.
3. Ann, debes practicar a diario la meditación con el sonido y el viaje al país de las palomitas durante unos 8-10 minutos; una vez que domines bien las meditaciones, se las enseñarás a tus padres y meditaréis todos juntos.

La familia aceptó todos los experimentos y fijamos una fecha para la próxima cita.

Cuarta y última sesión

La familia comienza la sesión diciéndome que son uno de los «¡raros clientes que obtienen un 10!». No solo eso, sino que Ann no se había cortado en las seis semanas y había meditado con sus padres varias veces; todos habían considerado que esta experiencia era muy útil para reducir el estrés. Ann y su padre habían pasado una espléndida jornada «especial» juntos, dando un largo paseo en barca, yendo de compras y comiendo una excelente pizza. Lisa y Ann, en cambio, habían dado largos paseos en bicicleta por el bosque.

Ann explicó que no solo había recibido cartas con las disculpas de las chicas, sino también de sus padres. La escuela no había observado otros problemas, es más, también el *counselor* de Ann percibía una mejoría. Ann había implicado a su *counselor* en la preparación de un programa de prevención del acoso. Todos, incluido yo, pensamos que era una gran idea. Finalmente, Ann me explicó que se lo había pasado muy bien con su amiga Cindy.

Tras haber amplificado y consolidado los objetivos alcanzados por la familia, decidimos de común acuerdo interrumpir el tratamiento. Ann aceptó amablemente unirse a mi Alumni Association, formada por mis mejores pacientes, y empezó a colaborar como asesora para ayudar a otras personas en situación de riesgo. Los padres consideraron que era una gran ocasión para Ann, y pensaron en implicarla asimismo en actividades de asistencia social.

Follow-up

Volví a ver a Ann y a sus padres seis meses y un año más tarde. En ambas ocasiones, tanto Ann como los padres dijeron que mantenían con éxito el 10 en la consecución de sus objetivos. Ann me explicó que el programa de prevención del acoso se había puesto en marcha y había sido muy bien acogido en su escuela; no solo eso, sino que añadió que no se había vuelto a cortar y que se sentía mucho más cercana a sus padres.

Reflexiones post-terapia

En el caso de Ann, a muchos terapeutas les habría intimidado la gravedad de su problema, puesto que había pasado por numerosos internamientos psiquiátricos y había recibido un diagnóstico de trastorno límite de la personalidad (TLP), como ocurre a menudo con los pacientes que se autolesionan. Tras dedicar un tiempo a investigar en qué se habían equivocado los terapeutas anteriores, aprendí no solo lo que había que evitar, sino también cómo calibrar mejor mi posición terapéutica a fin de establecer lo más rápidamente posible una relación de confianza y de cooperación.

A partir de la experiencia acumulada a lo largo de muchos años de trabajo con clientes autogresivos utilizando distintos enfoques terapéuticos, me di cuenta de que, al margen de sus comportamientos provocadores y de riesgo, son personas con muchos recursos y puntos fuertes a los que se puede recurrir para construir soluciones conjuntamente. Ann era una muchacha muy creativa y llena de recursos, capaz de generar soluciones y estrategias de afrontamiento eficaces para su problema personal. La iniciativa de Ann, demostrada ya en los cambios anteriores al inicio del tratamiento, me recordó una viñeta con un terapeuta y un cliente; la leyenda decía: «Se ruega que resuelvan sus problemas antes de venir aquí, ¡así podré ayudarles mejor!». Puesto que Ann y sus padres estaban bien encaminados para resolver sus problemas por sí solos, me pareció oportuno mantener un tratamiento sencillo y acentuar lo que ya estaban haciendo y ya funcionaba.

Un momento auténticamente crucial en la terapia fue la crisis por la que pasó Ann en la escuela. A diferencia de muchos terapeutas, que habrían sido presa del pánico por la recaída, por considerarlo un hecho nefasto y preocupante que entrañaría un riesgo de suicidio, a mí me sorprendió mucho la recuperación de Ann y su capacidad para evitar el sufrimiento emocional que estaba viviendo y que podría inducirla a una dura recaída. También reestructuré la pequeña caída de Ann y la utilicé como trampolín de lanzamiento hacia cambios posteriores. Por último, hice observar a Ann y a sus padres que la crisis, en general, puede acercar a los familiares, porque proporciona la demostración del compromiso y de la unión entre sus miembros. Lo que sucedió en la escuela en realidad tuvo un efecto positivo y transformador en la relación de Ann con su padre, que se volvió mucho más fuerte cuando Ann observó cómo Tom había adoptado una actitud de «noble caballero» para protegerla de los actos de acoso por parte de las compañeras.

Finalmente, los últimos cambios importantes afectan precisamente a las relaciones en el seno de la familia, mucho más equilibradas ahora y basadas en vínculos mucho más fuertes, gracias al cese de los comportamientos erróneos que estaban adoptando los padres con la hija. Ambos progenitores aprendieron a escuchar más, a compartir los pensamientos y los sentimientos de Ann y a estar más en sintonía con sus necesidades.

Caso clínico 4. Autolesión y trastorno alimentario sobre la base de abuso sexual tratado con solución adaptada al problema

Por Giorgio Nardone

T: ¿Cuál es el problema que te ha traído hasta aquí?

P: He estado internada porque intenté suicidarme y me salvaron por los pelos. *Definición del problema*

T: Hummm, hummm.

P: Al salir me hice el primer corte y mi padre me ingresó...

T: Vamos a ver... ¿el corte en la muñeca es realmente intencionado... o un jueguecito solo para hacerte daño? *Preguntas estratégicas discriminantes*

P: Es un jueguecito para hacerme daño.

T: ¿Y para asustar a todo el mundo?

P: Porque antes... es decir, desde los 13 años me masacro, me despellejo... lo hago así... luego cuando vi que esto no daba ningún miedo a los demás, no asustaba a nadie si no...

T: ¿Porque no lo veía nadie?

P: No lo veían. Me tapaba, no lo veían, y además de todos modos en mi entorno todos lo interpretaban como una crisis de adolescencia, entonces probablemente, pero no lo sé, cambié de método.

T: Ahora te lo haces en la muñeca.

P: En las muñecas y en el brazo. Me pongo cera ardiendo, aunque ahora menos.

T: ¿Puedes explicarme cuál es tu método... habitual? ¿Cómo te haces daño... con qué?

Preguntas estratégicamente orientadas

P: Con la hoja de afeitar.

T: Con la hoja de afeitar... ¿y te haces jueguecitos en la muñeca?

P: Sí, lo intento. Algunas veces me sale un poco mejor, por tanto lo hago un poco más profundo, a veces algo menos.

T: ¿Y cuánto jugueteas... cuánto tiempo?

P: Un cuarto de hora, 20 minutos, media hora... depende. Me meto en la bañera y me relajo, pongo música; es un ritual.

T: De modo que hacerte daño es un pequeño placer perverso...

Redefinición del ritual como placer

P: Sí.

T: En cambio los demás creen que quieres suicidarte... que quieres hacer vete a saber qué... ¿no es cierto?

P: Sí, creen que te hiciste daño una vez, por qué tuviste que hacerlo y en realidad yo, hummm... no sé... o sea, no sé ni siquiera si quería morir, no lo sé... de todos modos no tengo valor para morir. El otro día me tomé 120 gotas de Minias [Lormetazepam] porque quería...

T: Morir...

P: No, quería dormir.

T: *(sonríe)*

P: Tampoco dormí. Dormí dos horas y me desperté con mucho dolor de estómago, nada más...

T: Hummm.

P: Sé muy bien que... no tengo el... o sea, todos los días pienso en el tubo de escape del coche y en cómo puedo hacerlo, porque en realidad no tengo valor para vivir... o sea, quisiera...

T: Bueno, si uno quiere, es fácil.

Uso de la ironía para establecer contacto

P: En realidad no quiero. Me gustaría tratar de vivir bien... o sea, mejor que ahora...

T: ¿Qué es lo que te impide vivir… bien?

Preguntas estratégicamente orientadas: ampliar la indagación sobre el sistema perceptivo-reactivo

P: Que no sé elegir, no sé hacer nada, no sé encontrar una pasión, no sé elegir un camino, no consigo acabar la carrera, no logro encontrar un trabajo que me satisfaga.

T: ¿Qué carrera estudias?

P: Sociología.

T: ¡Ah!

P: Me faltan dos asignaturas desde hace un año y medio y no logro acabarlas, no logro encontrar una pasión por la que decir: «De acuerdo, esta es ahora mi vida», de modo que pongo un pie aquí y un pie allá, luego retrocedo, luego pongo otro pie en otra parte.

T: ¿Te ocurre lo mismo también… en la relación con el otro sexo?... ¿Tampoco en esto… sabes decidirte?

P: No, no… estoy muy enamorada, estoy contenta y feliz… pero… pienso, creo. Luego algunas veces tengo dudas.

T: O sea, ¿hay algo que va bien… en tu vida?

P: Eh, sí… pero no es mérito mío…

T: Ah, seguro… es solo mérito suyo… ¡has encontrado a un santo! Lo cierto es que, en el fondo, le das la razón a tu padre.

Uso de la ambivalencia para introducir el tema de la contradependencia

P: Sí.

T: ¡Ah! Mucho rebelarte… pero al final le estás dando la razón.

P: Sí, ya sé que le doy la razón, pero no logro hacer nada para no dársela, para reaccionar. Además es mi padre el que le dice a mi madre que hay que… mi madre me dice que total no hago nada, que dentro de dos años seré una muerta de hambre. Y que va siendo hora de que siente la cabeza. Yo, en cambio, no creo estar mal… ¿qué cabeza tengo que sentar?... simplemente he de saber qué quiero hacer porque todavía no lo sé.

T: Hummm…

P: Pienso.

T: ¿Qué has hecho… hasta ahora para… sentar la cabeza?

Indagación sobre las soluciones intentadas

P: Ah… ¡hacerles caso! Hacer lo que ellos querían.

T: ¿En la clínica? ¿Las terapias?

P: En la clínica, la universidad, el trabajo, las terapias, el voluntariado, la iglesia, todo lo que podía complacerlos o que creía que podía complacerlos lo hacía, de modo que, como me decían que era «buena», durante años viví así.

T: Como buena.

P: Puedo vivir… ¡tengo derecho a vivir! Cuando este mecanismo se rompió por una tontería, evidentemente yo ya no podía más, de modo que empecé a rebelarme contra esto de una manera ni siquiera muy consciente y me convertí en la oveja negra.

T: Hummm…

P: La que no hace…

T: ¿Cuántos sois en tu familia?

Preguntas estratégicamente orientadas: familia, actividades diarias

P: Mamá, papá y dos hermanos más pequeños.

T: ¡Ah! ¿Así que tú eres la primogénita?... ¿A qué se dedican tus padres?

P: Papá está jubilado desde hace dos años.

T: De acuerdo… hummm… bien.

P: Además mis hermanos… uno es muy diferente de mí, en cambio el más pequeño se me parece mucho más.

T: Hummm… ¿qué haces durante todo el día?

P: Ahora… bueno… quiero decir que ahora hemos abierto con mi novio un espacio artístico; él es actor y yo lo sigo un poco en esto, lo ayudo, lo acompaño… voy tirando solo con esto y no hago nada más.

T: Hummm… perdona, ¿qué significa espacio artístico?

P: Un espacio donde se representan espectáculos teatrales, danza, actividades culturales, música.

T: Entiendo… ¿O sea que tú sigues sus actividades?

P: Exacto. Además hay otro espacio donde se dedican a la restauración y, como a mí me encanta cocinar, les echo una mano, aunque no estoy muy convencida de esto. Él me anima mucho, pero creo que soy totalmente una negada también para esto.

T: ¿Hay algo para lo que te sientas apta?

Búsqueda de excepciones positivas

P: No.

T: ¿Nada de nada?

P: No. Muy a menudo me siento una negada y me esfuerzo por hacer cosas que no... más como un reto a mí misma que para... para...

T: ¿Tienes el don de fallar en todo lo que haces?

Uso de la ironía para crear sintonía

P: Sí, más o menos, fallar o crear situaciones que no funcionan: hoy tenía que venir aquí y había huelga general, cuando he llegado al peaje de la autopista no funcionaba nada; la barra se ha bloqueado y me he quedado retenida veinte minutos... o sea, cualquier cosa que haga...

T: Llegas al semáforo... se pone rojo...

P: Sí, se pone rojo...

T: Sales sin paraguas... llueve.

P: Llueve, salgo y se me pincha una rueda, he quedado a una hora y me pilla un accidente... es así.

T: ¿O sea que en cierto modo... el destino está conjurado contra ti? Además de...

P: No, soy yo la que me conjuro sola.

T: ¡Ah! Eres tú la que los atraes.

P: Sí, creo que sí.

T: Tienes un karma negativo, como dirían... en Oriente.

Mentir diciendo la verdad: uso de comunicación irónica analógica para incidir en el sistema perceptivo-reactivo

P: Es posible.

T: O bien irónicamente... lo contrario del rey Midas, que todo lo que tocaba lo convertía en oro, tú todo lo que tocas lo estropeas.

P: Sí, más o menos es lo que hago.

T: ¡Ah!

P: Sin saber siquiera si es algo que me va bien o me va mal; todo lo que emprendo me lo cargo.

T: Muy bien, tienes un don.

P: Genial, ¿no?

T: Estropearlo todo.

P: Sí, esto…

T: Y la relación con tu novio no se ha estropeado simplemente porque él es un santo.

P: De momento no se ha roto.

T: ¡Ah! Muy bien… ¡todavía puedes intentarlo! ¿Cuánto hace que estáis juntos?

P: Cuatro meses.

T: Ah, eso es… no has aplicado todavía… bien tus artes.

P: No, todavía no, y además él es muy santo.

T: Mucho… de modo que resistirá.

P: Sí…

T: Hasta el martirio.

P: Sí, creo que es posible.

T: Bien… bien… bien… Pero tú… ahora… ¿estás en la postura de pasar de todo… o… tratas de hacer bien las cosas y te salen mal?

Preguntas estratégicas orientadas: conocer el sistema de percepción y reacción

P: No, ahora paso, porque ya no sé qué hacer…

T: ¡Ah!… ¡Ah!

P: O sea, no sé exactamente adónde ir, y cuando intento moverme, al primer obstáculo me desmoralizo tanto que…

T: ¿De modo que… te estás… rindiendo ante los hechos?

P: Sí.

T: ¿Así que… haces lo que se te ocurre?

P: Sí, la única cosa a la que todavía no me he rendido es esta terapia, en cambio al último terapeuta le dije que se acabó.

T: ¡Ah… te rebelaste!

Redefinición del drop-out *como rebelión*

P: Sí, entonces me rebelé contra los míos. Contra todos.

T: ¿Cuánto tiempo estuviste yendo a la terapia?

P: Ah, poco, a esta fueron… tres… desde que salí de la clínica. Antes ya había hecho otras; tres años, un año, dos años…

T: ¿Ninguna funcionó nunca?

Indagación sobre las soluciones terapéuticas intentadas: búsqueda de lo que ha/no ha funcionado

P: No, en la primera estuve tres años sin decir nada, o iba, me quedaba en la puerta y ni siquiera subía… o subía y le explicaba la vida de otro… o sea, era una cretina… no sé… era la rabia.

T: ¡De modo que te divertías y contabas bolas…!

P: Sí, explicaba otras cosas, que había ido a otra parte… daba igual que fuera o que no fuera.

T: O sea que a veces te quedabas en medio de la calle, decías… total da lo mismo. ¿Y después?

P: Y después, cuando tenía 17 años mi madre me llevó porque tenía una crisis. En realidad, tenía una crisis porque había sido violada y no se lo quería decir, de modo que ella no entendía y decía: «Tienes crisis y tengo que llevarte al psicólogo». Me llevaba a los consultorios, me llevaba de acá para allá. Yo ya no era capaz de decírmelo a mí misma, no era capaz de decírselo a nadie más, y ella me llevaba arriba y abajo. Luego fui. Fui un año a otro que me habían aconsejado pero me cansé. Además este último era ridículo, no era él, es que me… o sea, porque después de ocho años de estar preguntándose uno: «¿Por qué? ¿Por qué? ¿Por qué?», puedo llegar hasta el momento del nacimiento, y desde dentro de la barriga preguntarme: «¿Por qué?»... pero no cambia nada, o sea una vez que he entendido el problema sigue estando ahí y si no consigo solucionarlo no vale la pena seguir diciéndome: «¿Por qué hice esto, por qué hice lo otro, por qué hice lo de más allá?».

T: De acuerdo… de modo que… de todos estos terapeutas ¿no hubo ni siquiera uno que te causara impresión?

P: No.

T: ¿Y con... qué... digamos... ilusión... has venido aquí?

Uso de la posición one-down *para conocer el tipo de resistencia a la terapia*

P: No lo sé. No es una ilusión, en cualquier caso creo que debo encontrar algún camino. Creo que no es una ilusión, es que creo que es... en cualquier caso una cosa… no lo sé… no lo sé.

T: Estabas diciendo algo y luego has dicho «no lo sé»… estabas adoptando una postura…

P: Pero no lo consigo…

T: Pero no lo consigo… adoptar una postura… así que tengo que renunciar…

P: Sí.

T: De acuerdo.

P: En realidad es que no quiero hacerme ilusiones sobre nada; la realidad es esta, porque como no puedo soportar la derrota…

T: Es mejor marcharse rápidamente.

P: Me voy y digo… bah…

T: O sea, lo que quieres decirnos es que, en realidad, en tu vida… lo que has hecho siempre es ilusionarte, desilusionarte, deprimirte. Ilusionarte, desilusionarte, deprimirte.

Paráfrasis reestructurante

P: Sí, más o menos.

T: Y ahora lo que te da más miedo es ilusionarte.

P: Exacto.

T: Siempre te has ilusionado, desilusionado, deprimido. Ilusionado, desilusionado, deprimido y ahora… quieres evitar ilusionarte, para no desilusionarte.

Uso de la redundancia para evocar sensaciones

P: Exacto.

T: Las experiencias han sido tan malas… que ahora tienes miedo incluso de la más mínima ilusión.

P: No sé si han sido tan malas o si yo las he vivido así…

T: Da lo mismo: todo lo que se cree… existe.

P: Entonces es así.

T: Entonces es así… de acuerdo.

Refuerzo del acuerdo

P: No tengo confianza en mí misma y por tanto me

hago ilusiones, también podría decidir ilusionarme por cualquier cosa, pero ¿por cuál?

T: De acuerdo… hummm…

P: Pero ¿por cuál?

T: Bien, bien, bien.

P: No tan bien, además estoy atiborrada de psicofármacos y no quiero seguir tomándolos, hace diez días que no los tomo…

T: ¿Qué estás tomando?

P: 40 mg de Seropram [Citalopram], 600 mg al día de Carbolithium [Litio carbonato], Trittico [Trazodona] por la noche, pero ahora se acabó.

T: Has interrumpido diez días… ¿has tenido efectos?

P: Sí, me encontraba fatal.

T: ¡Seguro! Hummm…

P: Realmente enloquecida.

T: Hummm…

P: A ratos lloraba, a ratos reía… me daba golpes con la cabeza contra la pared.

T: De acuerdo, bien, bien.

P: Y además, pensar que gracias a ellos voy tirando.

Preguntas estratégicamente orientadas

T: Una última pregunta: después de la experiencia que no podías explicar ni a ti misma, ¿tu relación con los chicos ahora funciona… o no?

P: Ahora sí.

T: Hummm… pero ¿durante mucho tiempo no?

P: Sí, hice de todo, me vendí a precio de saldo, fui con mujeres, hice de todo; todo lo posible e imaginable...

T: Total el asco ya era tanto…

P: Total ya daba asco, al menos intentaba que los otros me aceptaran. Qué más da, si era aquello lo que querían yo se lo daba… y adiós muy buenas. Era una apariencia de aceptación.

Reestructuración del comportamiento autodestructivo

T: O sea que… ¿te prostituiste… desde un punto de vista relacional?

P: Sí, iba a buscar las relaciones, las peores.

T: Todo esto solo para que los otros te aceptaran.
P: Sí.
T: ¿Así que más que una prostitución corporal lo tuyo fue una prostitución relacional?
P: Sí, todo lo que me pedían los demás lo hacía.
T: De acuerdo. Era como decir: «No hace falta que me forcéis… aquí estoy… coged, total…».
P: «Total, habéis dicho que doy asco». Trato de salir adelante como puedo.
T: Bien, bien, bien… veo que el cuadro está completo.
P: Sí, el cuadro…
T: Pero… ahora con este chico estás bien, aunque no sabemos cuánto durará… porque casi seguro que lo estropearás todo.
P: Sí.
T: ¿Es así?
P: Es probable, no lo sé. Es probable, podría incluso no suceder… pero si no lo estropeo yo directamente haré que lo estropee mi entorno… porque mi madre ya me está diciendo: «¡Míralo! Es tan bueno, tan guapo… ¿es posible que no puedas encontrar una persona normal?». O sea, digo yo: «Porque ¿qué tiene de anormal? No es normal que me esté volviendo loca porque estoy con él». Me viene a limpiar el horno de casa porque no lo he limpiado bien… por tanto si no soy yo directamente, me dejará…
T: Gracias a ellos.
P: Gracias a ellos… conseguiré hacer algo.
T: De acuerdo.
P: Porque yo me siento así: por una parte está él, por otra parte están ellos y yo no logro librarme de esta mierda de relación.
T: Bien… permíteme una pregunta concreta: si quisieras empeorar más tu situación en vez de mejorarla, ¿qué harías? Si voluntariamente dijeras: quiero… empeorar… quiero joderme… todavía más. ¿Qué tendrías

Uso de la técnica del cómo empeorar

que hacer, qué tendrías que pensar, qué tendrías que dejar de hacer, qué tendrías que dejar de pensar para empeorar todavía más?

P: Tendría que hacer un trabajo que me da asco durante diez horas al día solo para sentirme buena y pagar de nuevo la matrícula de la universidad sabiendo que no acabaré nunca la carrera.

T: Hummm… Hummm… exacto… porque en este caso al menos tendrías algo que te ha salido bien… y no puedes permitírtelo.

Uso de la ironía para crear aversión

P: Sí.

T: Tienes razón, además…

P: Además estoy haciendo ver que me esfuerzo y fui a ver si podía pasar del viejo al nuevo orden.

T: Además has de seguir representando tu rol… por tus padres. ¡Ojo! Ojo con interrumpir este leal sacrificio en pro de su equilibrio, porque fíjate, mientras tú seas la loca de la familia los otros estarán todos sanos. ¡Felicidades!

P: Sí.

T: ¡Eres fantástica! Estás realizando un admirable y leal sacrificio en beneficio de tu familia. Quieres un montón a estos padres.

P: Sí.

T: Además los estás haciendo mártires… santos todos. Todos a tu alrededor porque tú eres la loca.

Comunicación paradójica para erradicar la contradependencia

P: Sí, pero yo quisiera…

T: No, te felicito sinceramente… porque mira que se necesita una tenacidad… se necesita un sentido del sacrificio… una lealtad cristiana fantástica para hacer todo esto.

P: ¡Qué asco! Me siento culpable si le digo a mi madre: «Esto no lo hago», me paso varios días llorando, luego voy allá arrastrándome aun sabiendo que tengo razón. Voy arrastrándome, humillándome hasta la náusea.

T: Además, perdona... te habían violado y tú te entregaste a todo el mundo. Esta fue tu respuesta.

P: Pero hago esfuerzos, o sea, encontré un trabajo que me daba asco y se lo dije: «No vuelvo» delante de mi madre.

T: Sí, ya hemos dicho que el tuyo es un sacrificio leal para mantenerlos mártires, sanos y santos. Será difícil escapar de este rol.

Go Slow Technique[1] *en el contexto de la comunicación paradójica*

P: No. ¿Por qué difícil?

T: Luego serán ellos los que estarán mal.

P: Esto no se puede hacer.

T: Si tú te vuelves cuerda... ¿qué harán?... ¿se derrumbarán ellos?

P: Ve como no tengo... esperanza.

T: Eh... es posible...

P: Muy bien, regresaré a Roma tranquilamente; mi destino es este... ¡No ha de ser este! No puede ser este, pero en cierto modo lo sé, sé que debo rebelarme ante estas situaciones, que he de encontrar mi propio camino y he de afirmarlo.

T: Eh, bonita, rebelándote como lo estás haciendo, en realidad lo único que consigues es confirmarles que tienen razón... porque tus intentos de rebelión hasta ahora no han hecho más que aumentar tu dependencia de ellos. Tal vez debas cambiar de estrategia.

Uso de la explicación para reforzar la colaboración

P: ¿Y qué puedo hacer?

T: ¿Estás dispuesta a seguirnos?

P: Sí.

T: ¿Aunque te pidamos que hagas cosas que te parecen banales, tontas e ilógicas... o que de entrada te irritarán un poco?

1. *Go Slow Technique:* con esta técnica no se cuestiona la resistencia sino que se utiliza y prescribe de forma velada en una situación en la que es muy probable y previsible y, por tanto, una vez verificada, adquiere una connotación distinta (una especie de «reestructuración anticipada»).

P: Sí, de acuerdo.

T: Creo que podemos ayudarte, pero deberás seguir nuestras indicaciones al pie de la letra. Nosotros solo nos concederemos un plazo de diez sesiones y si no vemos ningún resultado lo dejamos... nosotros, no tú... ¿de acuerdo?

Contrato terapéutico

P: De acuerdo.

T: Quiero decir que... significa que si no somos capaces de ayudarte... (debo decirte que no sucede casi nunca) en la mayoría de los casos las situaciones se desbloquean. En cualquier caso solo superamos las diez sesiones si hemos obtenido buenos resultados... por los que vale la pena... ¿entendido?

P: De acuerdo.

T: La mayoría de los casos acaban antes porque resuelven su problema... pero no sé si será tu caso... ya veremos... ¿de acuerdo?

P: Sí.

T: Bien.

P: Tengo mucho miedo.

T: Lo creo.

P: De ilusionarme. Pero lo necesito mucho.

T: Nosotros tenemos miedo de decepcionarte, pero haremos todo lo posible para que esto no suceda... ¿de acuerdo?

Actuar sobre la relación: crear pathos

P: *(se echa a llorar)*

T: Bien, antes que nada te doy un pañuelo.

P: Pero si no lloro, solo finjo.

T: Oh. Tienes razón... sí... finges, me gusta... de acuerdo... entonces...

P: Solamente finjo que lloro.

T: Ves cómo eres una buena actriz... eres mejor que tu novio. Bien, ante todo quiero que empieces a pensar que cada vez que te rebelas contra tus padres y les contestas, cada vez que discutes, en ese momento estás alimentando su fuerza y tu debilidad, porque cuando

PRESCRIPCIÓN
Estratagema del truco revelado: tener todos los días un gesto amable con los padres

tú te rebelas les confirmas que estás realmente desequilibrada y que tienen que ayudarte y controlarte cada vez más. Por consiguiente, tu intento de reducir su presión sobre ti… lo que hace es aumentarla… así que piénsalo cada vez que se te ocurre, ¿de acuerdo?

P: ¿Eso significa que tengo que darles la razón?

T: Esto… desde este momento hasta que volvamos a vernos. Eres buena actuando, ¿no?

P: Sí.

T: Pues ¡hazlo! La única manera de tenerlos controlados es hacer que se sientan importantes, ser amable con ellos, de modo que no dejes pasar un día sin tener un gesto amable con tu padre… y un gesto amable con tu madre… estratégico… ¿de acuerdo? Sirve para tenerlos controlados. ¿Entendido?

P: Lo intentaré.

T: ¿Lo conseguirás?

P: *(asiente)*

T: Bien. Y cuando te provoquen, piensa que si te enfadas, si te dejas llevar por la cólera, les estás haciendo un regalo… ¿de acuerdo?

P: Sí.

T: Queremos que, si vas a seguir con tus jueguecitos placenteros, si te apetece hacerlos, los hagas durante un tiempo determinado, según nuestras indicaciones, ¿de acuerdo?

PRESCRIPCIÓN hacer subir al enemigo al desván y quitar la escalera: ritualización de las «pequeñas torturas»

P: Sí.

T: Por la noche, cuando te vas a la cama, cuando estás sola, si quieres hacerte jueguecitos te los haces, ¿de acuerdo?

P: *(asiente)*

T: Pero te los haces durante diez minutos exactos de reloj. Durante todo el día aplázalo a estos diez minutos. Si tienes ganas, puedes hacerlo en esos diez minutos, pero solo diez minutos, ni uno más, ni uno menos, ¿de acuerdo?

P: De acuerdo.

T: Además, cuando vayas a acostarte, por la noche, coge papel de escribir; quiero que lo último que hagas todas las noches sobre la almohada antes de dormirte sea escribir una carta dirigida a mí. Tiene que empezar poniendo: «Querido doctor...», ¿de acuerdo? Luego escribe todo lo que se te ocurra; explícame todo lo que quieras explicarme de tu pasado, de tu futuro, de tu presente, de tus fantasías, de todo lo que quieras... firmas... cierras... y en la próxima sesión me entregas todas las cartas. Esto me ayudará a conocerte mejor que muchas charlas.

Prescripción Epistolario nocturno: actuar sobre la relación y sobre la elaboración de las experiencias

P: A mí me cuesta mucho escribir.

T: Creo que esta vez podrás hacerlo porque te lo pido yo. Es una cosa que harás por mí.

P: Es algo que me hace más daño que dar la razón a los míos, escribir... mucho más daño.

T: Lo sé, porque tendrás que escribirme muchas cosas malas... que te hacen mucho daño, pero si me las traes... verás... ¿de acuerdo?

P: *(asiente)*

T: Una última cosa: presta atención al momento en que, espontáneamente, es decir, sin que tú hagas nada, te sientas un poco mejor, al momento en que te sientas distinta aunque sea un instante, ¿de acuerdo? Me explicarás cuándo sucede, ¿de acuerdo?

Prescripción Crear de la nada:[2] *prestar atención a las excepciones positivas*

P: *(asiente)*

T: Bien, bien, bien. Nos volveremos a ver dentro de 15 días. Acompáñame para concertar una cita.

Cierre de la sesión

Resumiendo, la muchacha ha sufrido un abuso sexual seguido de una serie de violencias físicas y psicológicas, es contradependiente

2. Crear de la nada: estratagema utilizada para crear una realidad que produce efectos concretos, ejemplificada en todas las variantes de las técnicas *centradas en la solución*.

de la familia, tiene la sensación de que lo estropea todo y se inflige cortes y quemaduras que combinan el dolor sedante con un placer sutil. Además había estado hospitalizada por un intento de suicidio, que en realidad no era más que un acto de autoagresión sin una verdadera intención suicida.

Para resolver cada uno de estos problemas se han aplicado maniobras terapéuticas específicas. Desde el punto de vista de la técnica, la paciente ha sido conducida, mediante las preguntas y paráfrasis estratégicas, a aclarar el papel de su síntoma autolesivo como «juguecito» sedativo y agradable. Con ello ha logrado sentirse por fin comprendida y aceptada sin ser juzgada. Además, se la ha puesto frente al hecho de que es precisamente su rebelión, expresada por el abuso en distintas formas, la que la mantiene en una relación de contradependencia de la familia y la que la hace sentir siempre y en cualquier caso una fracasada. Conducirla, mediante la técnica de «cómo empeorar» (Nardone, Salvini, 2011*b;* Nardone, 2010), a comprobar personalmente esa dinámica viciosa y circular ha permitido sugerirle una vía de salida relacional. A esta reestructuración[3] se le han añadido las prescripciones terapéuticas dirigidas a la compulsión autolesiva y al dolor vivido por el abuso, así como a las posibles aperturas positivas a su presente.

Las prescripciones han sido una consecuencia de la propia sesión. Las «pequeñas torturas» ritualizadas transforman el placer en una tortura que hay que infligirse de acuerdo con unos modos y tiempos específicos y sobre la que hay que ejercer un control: si puedo decidir hacerlo, también puedo elegir no hacerlo. La prescripción de realizar diariamente un gesto amable con los padres inserta una complementariedad terapéutica en la simetría patológica, a fin de bloquear, por un lado, la solución intentada de rebelarse, que mantiene el problema en vez de resolverlo, y para modificar, por el otro, la reacción de los padres

3. Por «reestructuración» se entiende «cambiar el fondo o la visión conceptual/emocional en relación con la cual se experimenta una situación situándola en otro marco que se adapta, igualmente bien o incluso mejor, a los hechos de la misma situación concreta, cambiando así completamente su significado» (Watzlawick *et al.*, 2003; Watzlawick, Nardone, 2000).

como efecto del propio cambio, representando el papel de quien hace que los padres se sientan importantes y ya no de quien busca llamar su atención constantemente con actos extremos. A pesar de la juventud de la paciente, la suya es la historia de una condena: el epistolario nocturno tiene como objetivo situar finalmente en el pasado todos los dramas que le han sucedido y que ella misma ha permitido que sucedieran, impidiendo que sigan extendiéndose al presente, como una herida abierta que sangra todavía abundantemente, impidiéndole un futuro distinto. Explicar por escrito al terapeuta los hechos acaecidos permite, por un lado, distanciarse de lo que hace sufrir, facilitando su natural proceso de elaboración, que en estos casos no se pone en marcha espontáneamente; y, por el otro, el hecho de entregar las cartas al terapeuta representa una especie de rito de paso, que además de reforzar la relación emocional con este último facilita el buen resultado del proceso terapéutico. Finalmente, la indicación *centrada en la solución* de prestar atención al momento en que la paciente se sienta bien, activa la profecía positiva de que habrá momentos en que se sentirá bien. En otras palabras, las prescripciones actúan en todas las direcciones: abrir un nuevo escenario a las sensaciones, dar un vuelco a las dinámicas familiares, situar el pasado en el pasado mediante su narración y entregarlo al terapeuta, ritualizar el ritual de placer.

Es importante subrayar que la sesión ha transcurrido alternando momentos de profundo *pathos* con pasajes irónicos, creando así una atmósfera de relación cálida y acogedora, y permitiendo a la paciente confiar en un experto que está en condiciones de ayudarla.

Debido a las limitaciones de espacio y para evitar repeticiones, resumiremos las sesiones de la segunda a la quinta y reproduciremos íntegramente la sexta, que define el cambio radical efectuado por la paciente.

En el segundo encuentro, la paciente presenta un desbloqueo casi total de sus modos fallidos de controlar la situación: los comportamientos autolesivos se han reducido drásticamente, la relación con los familiares aparece mágicamente cambiada, el pasado ha recuperado su lugar y ella ha empezado a planificar de nuevo su vida.

Una vez redefinidos conjuntamente los resultados terapéuticos, exaltando los recursos personales que la muchacha ha demostrado poseer, empezamos a trabajar concretamente en su proyecto de vida, planificando los pasos que hay que dar para alcanzar la plena autonomía y la realización personal. La paciente ha presentado otro problema que le afecta desde siempre: un trastorno alimentario de tipo bulímico con vómito autoinducido. La intervención ha sido la usual, descrita anteriormente (véase el Caso 1. Bulimia nerviosa/*vomiting* tratado con solución adaptada al problema). Una vez resuelta también la compulsión alimentaria y reducida después la tendencia a reacciones explosivas, el trabajo terapéutico se concentra en la valoración de los recursos de la persona orientándolos hacia la construcción de un nuevo y sano equilibrio psíquico que sustituya al anterior. Las sesiones han adquirido así un ritmo más espaciado.

Sexta sesión

T: ¿Cómo han ido las cosas durante estas semanas?

Pregunta de apertura: indagación sobre el proceso terapéutico

P: Los momentos de rabia han sido mucho menos frecuentes. Soy capaz de ver las cosas de forma más positiva, soy menos cruel conmigo misma. En general, he de decir que va mucho mejor. En el fondo subsiste este pesimismo cósmico, que realmente es lo único que me parece imposible destruir.

T: Hummm…

P: Quiero decir que yo lucho contra la rabia, contra las cosas, pero fundamentalmente lucho contra este pesimismo cósmico, y en cada situación he de encontrar algo que no funciona, o sea…

Lineal contra circular:[4] comunicación complementaria para no alimentar la visión pesimista

T: Hummm…

4. Lineal contra circular y circular contra lineal: estratagema conocida en el campo de la ingeniería y la mecánica. Para intervenir sobre una fuerza lineal he de utilizar una fuerza circular, mientras que para intervenir sobre una fuerza circular he de usar una lineal (Nardone, Balbi, 2009; Nardone, 2004). Ese principio tiene importantes aplicaciones en psicoterapia y se realiza en la sintonización, esto es, al asumir la posición complementaria a lo que facilita el cambio terapéutico.

P: Si estoy contenta, debe haber al menos un motivo para poder desesperarme.
T: Hummm…
P: Por lo general lo encuentro, la diferencia es que antes lo encontraba, me desesperaba y se acabó.
T: Hummm…
P: Ahora digo: «¡Mira qué cretina! ¡Mira lo que he encontrado! Me he desesperado durante tres minutos, ahora habrá que dar marcha atrás».
T: Bien.
P: O sea que estoy muy contenta.
T: Y yo más.
P: Sigo comiendo como un… pero como a la hora del desayuno, de la comida y de la cena… pero ¡hay que ver lo que trago…!
T: ¿Comes única y exclusivamente lo que más te gusta?
P: Sí, como todo lo que más me gusta.
T: Me parece que todavía no te has estropeado… vamos, estás en el buen camino… de acuerdo.
P: He engordado 2 kg…
T: Sigues siendo muy guapa… ¡Olvídate!
P: Sí, ¡por favor! Esos 2 o 3 kg todavía puedo mantenerlos, pero no sé…

Indagación sobre los efectos de la dieta paradójica: se alimenta con placer

T: Veamos, ¿has seguido con tus «pequeñas torturas»?
P: Sí, un día pero poco, poco… una estupidez, porque me metí en la bañera y me hice un cortecito en un pie, pero realmente una chorrada impresionante.
T: ¿Y no lo hiciste diez minutos, tal como te dije?
P: No, porque en el momento justo en que me hice el arañazo, porque no era un corte sino como si me hubiese arañado un gato, me dije: «¿Qué coño voy a hacer?» y entonces me di un baño.

Indagación sobre los efectos de las prescripciones: reducción en cantidad e intensidad de las «pequeñas torturas»

T: Bien. ¿Has sufrido más crisis que tu novio haya tenido que aguantar?
P: Solo una vez realmente horrible, horrible, horrible. Es el pesimismo cósmico que me lleva a ciertas cosas.

Indagación sobre las reacciones explosivas: reducción

T: ¿No querrás ser como Giacomo Leopardi? Hay mucha diferencia entre él y tú: él era un gnomo feo, sucio y puerco, que odiaba el mundo. Tú eres lo contrario.

Uso de la analogía para crear aversión

P: No, yo también tengo momentos así.

T: ¿Te gustaría ser como él?

P: ¡Por favor!

T: ¿Y sabes que —algo que además muy pocos saben— lo volvía loco el chocolate y lo comía como un cerdo y se ensuciaba y andaba por ahí sucio de chocolate... completamente embadurnado?... ¡Una porquería increíble!

P: Es amigo mío.

T: ¡Es amigo tuyo...! Pues odiaba a muerte a las mujeres... porque lo rechazaban.

P: ¡Seguro! ¡Pobrecillas! Bien, lo cierto es que ocurrió una vez, y entonces lo hincho a tortas y él se masacra porque para no pegarme a mí rompe todo lo que encuentra, así que tiene las manos destrozadas... aquel día le dio un montón de puñetazos a la pared.

T: Hummm... Hummm...

P: Pero me ocurrió esa vez y me asusté tanto que me dije: «Oh... oh...».

T: ¿Te asustaste de él o de ti?

Uso de la ironía que refuerza la relación

(ríen)

P: No, no, ¡de mí! Porque de él... bueno, tuvo una reacción humana. Me asusté de mí más que nada porque me acordé de las viejas cosas que hacía.

T: ¡Ah! Sí.

P: Si empezaba a enfadarme y me daba cuenta de que me estaba equivocando y no podía dar marcha atrás, porque ya había dicho que estaba enfadada por ese motivo.

T: Y tenías que hacerlo.

P: Tenía que hacerlo hasta el agotamiento... hasta con mi padre... hasta que no se rendía, porque mi padre, al final, por agotamiento se rendía. Con mi madre los gritos se prolongaban durante siete u ocho días porque aunque yo sabía que me había equivocado tenía que seguir. Pero he de decir que solo lo he hecho una vez, ahora he aprendido que debo alejarme; hago un esfuerzo, digo: «Muy bien, ahora me voy», me marcho media hora y luego vuelvo. Es mucho mejor, en el fondo no es más que una lucha contra el pesimismo…

T: Hummm… hummm.

P: … contra el hecho de ver el vaso siempre medio vacío…

T: Hummm… hummm… bien.

Desplazamiento de la atención hacia los aspectos positivos

P: Pero cuando lo veo medio lleno soy feliz… cuesta mucho verlo medio lleno.

Indagación sobre la calidad de vida y sobre las actividades diarias

T: Hummm… hummm… A ver, dime, ¿cómo van las cosas? Has dicho que estás mucho mejor, pero ¿qué haces todo el día?... Has tenido una sola crisis… y en cambio antes las tenías todos los días.

P: Estoy buscando trabajo, pero no lo encuentro.

T: Pero lo estás buscando.

P: He encontrado un trabajo de diez días en navidades, aunque no quiera he de hacerlo, así que trabajo del 16 al 24.

T: Bien.

P: Después de navidades he encontrado otro trabajo.

T: De acuerdo… bien.

P: También en una caseta de estas fiestas… así que estoy contenta… y muy asustada pero lo haré; entretanto sigo buscando. Llevo currículums y voy a hacer entrevistas.

T: Bien.

P: Y estoy con mi chico, en el teatro, pero de otra manera.

T: Hummm… hummm.

P: De una manera muy distinta porque lo elijo yo; sé que soy yo la que lo elige.

T: Hummm… hummm.

P: De modo que estoy más tranquila. Aunque hay momentos en que me gustaría que fuese empleado de correos… *(ríe)*.

T: ¿Sabes que es un mal común a muchas mujeres, porque les gustaría tener a su hombrecito siempre al lado, a su disposición?

P: ¡Ya está a disposición! El problema es que han desaparecido los puntos de referencia a los que estaba acostumbrada: la comida, el trabajo, la cena, el sábado y el domingo, había reglas que ahora con él ya no existen, por lo que…

T: Hummm… hummm.

P: Vacaciones… pueden ser todos los días o ninguno.

T: Bien… hummm, hummm.

P: O sea que un poco también estoy esperando esto.

T: ¡Y no poco…!

P: ¡Pero hay momentos en que soy tan feliz!

T: ¡Ah! Bien.

P: ¡Pero tan feliz! Algunas personas a las que no veía desde hace tiempo, amigos de mi madre, me dijeron ayer: «¡Qué feliz eres! ¡Hacía años que no te veíamos así! Rebosas alegría por los poros».

T: Tal vez nunca te habían visto… así…

P: Seguramente.

T: ¿Y tus padres qué dicen? ¿Están sorprendidos o siguen metiéndose contigo?

Indagación sobre la relación con los padres

P: Se mantienen neutrales; están ahí, me llaman por teléfono y yo no les doy mucha…

T: Bien.

P: … mucha confianza. Cuando les dije que voy a trabajar estos días, se «animaron», pero siempre con una cierta distancia.

T: De acuerdo. Vamos a reflexionar juntos: ¿cómo te explicas ese cambio radical y en tan poco tiempo? ¿Qué ha pasado?

Explorar el tipo de conciencia del cambio

P: Lo estaba pensando en el tren: creo que yo no tengo nada que ver, exactamente nada.

T: ¿Qué significa que no tienes nada que ver?

P: O sea, si alguien me dice: «Bien, las cosas ocurren en la vida, tú habrás hecho algo, te habrás implicado mínimamente en hacer estas cosas». En cambio a mí me parece que todos a mi alrededor hacen cosas y en cambio yo no hago nada.

T: Entonces explícame qué ha ocurrido. ¿Qué es lo que ha cambiado a tu alrededor que ha producido el cambio en ti?

P: Bien… el hecho de venir aquí y oír decir las cosas de una manera distinta para mí es fundamental, es muy importante; llego a casa con una fuerza que digo: «¡Me voy a comer el mundo! ¡Puedo hacerlo!».

T: Eres tú… no soy yo.

Atribución de la responsabilidad del cambio a la persona

P: A tanto no llego: a duras penas sigo a los que me rodean y que tiran de mí con la polea; voy y digo: «Sí, sí, sí», luego me entra el terror de que en el momento en que estoy sola…

T: De acuerdo. ¿Crees que yo te he dado algo que antes no tenías?

P: ¡Una poción mágica!

T: ¡Ah! Creo que lo único que he hecho ha sido ayudarte a poner en marcha mecanismos internos que tenías bloqueados.

Redefinición de la ayuda terapéutica

P: Probablemente es así, no lo pongo en duda, pero he de decir que no lo percibo, no soy consciente de ello.

T: Mira, nuestro deber será que adquieras conciencia de esto de forma gradual, muy lentamente. Yo suelo decir que hasta la pirámide más grande puede ser derribada en muy poco tiempo; basta poner las minas en el punto exacto, aunque no sea nada fácil. Para reconstruir hay que poner ladrillo sobre ladrillo, piedra sobre piedra; ahora estamos en esta fase contigo, empezamos hoy. Estoy muy contento contigo.

Explicación a través de la imagen metafórica de la fase de la terapia: 3.ª fase, reconstrucción de un equilibrio funcional; adquisición de confianza en los propios recursos

P: Yo también, mucho… El otro día se me ocurrió una cosa, pero no sé si es correcta: cuando tengo estos momentos de malestar, a veces pienso de nuevo en las medicinas… pensaba en una cura homeopática… aunque esta también… o sea, tengo miedo.

T: Mira, ten en cuenta que has estado jugando mucho con las medicinas, y piensa en el efecto que han hecho, y en cuanto las has utilizado, a menudo, para estar mal en vez de para estar bien… y en cuánto te ha costado librarte de ellas.

P: Sí.

T: Has sido tozuda también en esto… y has corrido mucho peligro, lo sabemos los dos…

P: No, yo no lo sé.

T: Corriste un gran peligro al interrumpirlas de golpe, sin embargo, tu tozudez se ha utilizado de manera positiva. También tu tozudez nos ha sido útil. Ahora tenemos que conseguir que esta tenacidad a la hora de hacer frente a la vida se convierta en una constante; tenacidad y constancia, y la segunda hasta ahora no ha estado muy presente en tu vida, ¿verdad?

Redefinición en positivo de la tozudez

P: No.

T: Tú eres instintiva, una «sensiblona» hiperperceptiva y reaccionas de forma pasional… ¡Está muy bien! Pero hay que saber gestionarlo, ojo con cambiar la personalidad. Es algo muy bonito, pero ojo con dejarse avasallar.

P: Cierto, porque además cuando uno consigue tomarse las cosas así está mejor.

T: Hummm, es cierto. Te preguntabas todas las mañanas: «¿Qué me gustaría hacer si hubiese resuelto todos mis problemas?».

P: No, porque pensaba, o sea, en cuanto abría los ojos me decía: «¡Otro día!», luego volvía a cerrarlos y los abría de nuevo y decía: «¡Ah! ¡Qué bien! ¡Me he

Indagación sobre los efectos de la técnica centrada en la solución «como si»: adquisición de la espontaneidad de la respuesta

despertado esta mañana!». Me levantaba y hacía lo que tenía ganas de hacer.

T: Bien.

P: No he tenido necesidad de ponerme a pensar qué tenía que hacer, qué quería hacer y qué me sentía capaz de hacer. Lo he hecho con una facilidad increíble, quiero decir respecto al pasado.

T: Bien.

P: Además me recupero enseguida, incluso si me despierto y por lo que sea me pongo a buscar tres pies al gato por algo que no funciona, me recupero en diez minutos y me doy cuenta. Me digo: «Muy bien, ¡ahora basta! Esto no existe y volvemos a empezar. ¡Se acabó!». Y en vez de decirme: «¡Cretina! Eres subnormal porque has fracasado, ¡eres una cretina!», digo: «Muy bien, te has levantado con el pie izquierdo», y vuelvo a empezar, de modo que hago las cosas. Echo de menos un poco a los amigos en todo esto.

Go Slow Technique

T: De acuerdo, tranquila, estas cosas se construyen muy lentamente, de forma gradual, ¿entiendes?

P: Sí.

T: ¿Y con tu novio cómo han cambiado las cosas?

Indagación sobre la relación afectiva

P: Veo las cosas mucho mejor, quiero decir que soy capaz de ver muchas cosas positivas, muchos aspectos buenos de los que antes no disfrutaba porque me empeñaba en buscar los defectos, las cosas que no funcionaban y en acusarlo de las cosas de las que no quería acusarme a mí misma; lo acusaba a él, ahora ya no.

T: Hummm… hummm…

P: Es decir, no siempre es así, pero ahora estoy mucho más dispuesta a vivir las situaciones que he escogido, porque al fin y al cabo las he elegido yo, porque me gustan, sin temor a admitirlo. Se trata de una relación que mi familia no quería y que probablemente yo tampoco habría querido antes, aunque solo fuera por no tener que pensar en otra persona. Pero ahora lo he elegido, ¿por qué debería buscar algo que no funciona?

T: Hummm…

P: ¡De modo que va bien! Él reacciona cuando tiene que reaccionar y cuando hacemos las paces es normal, más normal.

T: De acuerdo. Bien, bien. ¿Alguna vez sientes nostalgia de los momentos un poco locos o…?

Indagación sobre la estabilidad del cambio

P: Ah… sí… sí…

T: ¿Y bien?

P: A veces lo echo de menos… algunas veces lo echo de menos y digo: «¡Y a mí qué! Me quedo siete días en la cama». Un día me encerré en casa, en la cama, porque decidí que quería estar en casa, en la cama, pero no lo viví ni como un día de aislamiento, ni como un día de desesperación; lo viví como un día en que tenía necesidad de estar en la cama sin considerarme enferma ni loca… simplemente en la cama.

T: Hummm…

P: Mientras estaba en la cama, me decía: «¡Qué buena la época en que me lo permitía todo!». Pero luego, pensándolo un poco, en realidad no hacía lo que quería porque estaba deprimida. Bueno… con la vida que he llevado, ahora me merezco hacer lo que me apetece… Luego me doy cuenta de que todavía me queda una especie de necesidad de protagonismo, de modo que algunas veces me enfado para llamar la atención, consciente de que todavía no tengo suficiente confianza en mí misma, pero ahora quiero ser apreciada por lo que soy y merezco, al margen de la enfermedad.

T: Bien.

Refuerzo positivo de los resultados

P: Bueno, ahora ya no llamo a mis padres para decirles si estoy bien o estoy mal, o para que me den dinero… me las compongo yo sola como puedo y nada más.

T: Bien. Realmente estoy muy satisfecho de ti.

P: ¡Yo también! Mucho.

T: Por tanto se mantienen las dos cosas: cuando sientas que te estás cargando, antes de explotar coge papel y pluma, escríbelo todo y luego me lo traes, hasta que se acabe, ¿de acuerdo? Por la mañana cuando te despiertes, si se te ocurre espontáneamente haz lo que más te gusta como si hubieses resuelto todos tus problemas, si no es así, tras haberte planteado voluntariamente la pregunta, empieza por las pequeñas cosas, ¿de acuerdo?

PRESCRIPCIONES que hay que seguir solo en caso de necesidad: «dejar que fluya la rabia»; «como si»; «si fuera de la comida comes 1 come 5». PRESCRIPCIÓN como hábito diario: dieta paradójica

P: Sí.

T: Bien, bien, bien.

P: ¿Sigo comiendo cinco veces al día si lo hago fuera de las comidas?

T: Bien. Y come única y exclusivamente lo que más te gusta ¿de acuerdo?

Cierre de la sesión

P: Sí.

T: Bien.

Tras esta entrevista, se realizó un seguimiento de la paciente mediante tres sesiones con un intervalo de uno, dos y tres meses, y luego fue visitada de nuevo en los *follow-up* a los seis meses y al año. En la última entrevista, la muchacha presentó una remisión completa, que se había producido más de seis meses atrás, de todo tipo de compulsión y reacción incontrolada, asociada a una relación con los padres serena y objetiva y una relación con su compañero equilibrada, sin peleas ni agresiones. Finalmente había reanudado los estudios universitarios con éxito y, para sentirse independiente económicamente, trabajaba a tiempo parcial en un locutorio. Sabiendo que esta sería nuestra última entrevista me trajo un regalo: un muñeco de trapo raído y sobado, diciéndome que había sido su compañero de lágrimas y de desesperación durante mucho tiempo, pero que ya no lo necesitaba y que por esto se lo regalaba a la persona que la había liberado de todo esto.

Epílogo

Al llegar al final de esta exposición, nos parece importante subrayar que todo cuanto hemos presentado hasta aquí no pretende ciertamente ser el tratamiento definitivo de un trastorno que, por su naturaleza y evolución, ha demostrado ser una especie de «avance tecnológico» respecto a las formas tradicionales de patología psíquica y conductual.

Creemos que cualquier forma de intervención terapéutica ha de adaptarse constantemente a las evoluciones de las patologías; por tanto, ninguna estrategia podrá ser válida para siempre. Es más, si esta estrategia no se adapta constantemente a las posibles mutaciones patológicas, pasará de ser una solución eficaz a una solución intentada que complica el problema. Desgraciadamente, esto ocurre muy a menudo, mostrando una realidad en la que los problemas deberán adaptarse a las soluciones y no viceversa. Por otra parte, como ya sostenía Nietzsche, «todo lo que es absoluto pertenece a la patología»: paradójicamente, las formas más rígidas de tratamiento también forman parte de este tipo de fenómenos.

Nuestra propuesta terapéutica consiste en un tratamiento que ha sido desarrollado durante años adaptándolo continuamente a la patología a la que se aplica. Como hemos visto, se trata de un instrumento que no está determinado por un rígido enfoque teórico y metodológico, sino que se desarrolla a partir de las soluciones terapéuticas eficaces y experimentadas. El modelo, además, propone dos tipos complementarios de lógica de la intervención terapéutica: uno basado en las estrategias y estratagemas adaptadas a la lógica del trastorno y el otro basado en técnicas alternativas a la estructura de la patología. Esa diversificación del proceso terapéutico hace que el modelo sea aún más flexible y adaptable no solo a las variantes del trastorno, sino también a la irrepetible singularidad de cada paciente y de su contexto familiar y social.

Como sugiere Gregory Bateson, «el rigor por sí solo es la muerte por asfixia, la creatividad por sí sola es pura locura».

Bibliografía

AA.VV., *Handbook of Daily Readings,* Los Ángeles, Overeaters Anonymous, 1980.

Anderson, H., *Conversation, language, and possibilities: A post-modern approach to therapy,* Nueva York, Basic Books, 1997.

Boscolo, L., Cecchin, G., Hoffman, L. y Penn, P., *Milan systemic family therapy: Conversations in therapy and practice*, Nueva York, Basic Books, 1987.

Cagnoni, F. y Milanese, R., *Cambiar el pasado*, Barcelona, Herder, 2010.

Caruso, R. y Manara, F., *I disturbi del comportamento alimentare,* Milán, Angeli, 1997.

Castelnuovo, G., Cesa, G. L., Manzoni, G. M., Villa, V. y Molinari, E., «Brief Strategic Therapy vs Cognitive Behavioral Therapy for the inpatient and telephone-based outpatient treatment of binge eating disorder: the STRATOB randomized controlled clinical trial», en *Clinical Practice & Epidemiology in Mental Health*, 6, 2010.

—, Molinari, E., Nardone, G. y Salvini, A., «La ricerca empirica in psicoterapia», en G. Nardone y A. Salvini, *Dizionario internazionale di psicoterapia*, Milán, Garzanti, 2011.

Chambless, D. L. y Ollendick, T. H., «Empirically supported psychological interventions: controversies and evidence», en *Annual Review of Psychology*, 52, 2001, pp. 685-716.

Clark, D. A., «Perceived limitation of standard cognitive therapy, a consideration of efforts to receive Beck's theory and therapy», en *Journal of Cognitive Psychotherapy: An International Quarterly*, 9 (3), 1995, pp. 153-172.

Costin, C., *The eating disorder sourcebook*, Nueva York, Mc Graw Hill, 2007.

Costin, C., *The eating disorder sourcebook*, Los Ángeles, Lowell House, 1996.

Craighead, L. W. y Agras, W. S., «Mechanisms of action in cognitive-behavioral and pharmacological interventions for obesity and bulimia nervosa», en *Journal of Consulting and Clinical Psychology*, 59, 1991, pp. 115-125.

Csikszentmihalyi, M., *Finding flow*, Nueva York, Basic Books, 1997.

—, *Flow*, Nueva York, Harper & Row, 1990.

De Shazer, S., *Clues: Investigating solutions in brief therapy*, Nueva York, Norton, 1988.

—, *Putting difference to work,* Nueva York, Norton, 1991.

—, *Claves en psicoterapia breve*, Barcelona, Gedisa, 1997.

—, *En un origen las palabras eran magia*, Barcelona, Gedisa, 1999.

—, Dolan, Y., Korman, H., Trepper, T., McCollum, E., y Berg, I. K., *More than miracles: The state of the art of solution-focused brief therapy*, Binghamton (NY), Haworth, 2007.

Duncan, B. L., Miller, S. D., Wampold, B. E., y Hubble, M. A. (eds.), *The heart and soul of change: Second edition. Delivering what works in therapy*, Washington DC, American Psychological Association, 2010.

Emmons, R. A., *Thanks! How the new science of gratitude can make you happier*, Boston (MA), Houghton-Mifflin, 2007.

Favaro, A., Ferrara, S. y Santnastaso, P., «Impulsive and compulsive self-injurious behavior and eating disorders, an epidemiological study», en J. L. Levitt, R. A. Sansone y L. Cohn, *Self-harm behavior and eating disorders,* Nueva York, Brunner-Routledge, 2004.

Folsom, V. y Krahn, D., «The impact of sexual and physical abuse on eating disordered and psychiatric symptoms, a comparison of eating disordered and psychiatric inpatients», en *International Journal of Eating Disorders*, 13, 1993, pp. 249-258.

Fredrickson, B. L., *Positivity: Groundbreaking research reveals how to embrace the hidden strength of positive emotions, overcome negativity, and thrive*, Nueva York, Crown Books, 2009.

Gardner, H., *Mentes flexibles: el arte y la ciencia de saber cambiar nuestra opinión y la de los demás,* Barcelona, Paidós, 2011*a*.

—, *Inteligencias multiples, la teoría en la práctica*, Barcelona, Paidós, 2011*b*.

GARFINKEL, E. y GARNER, D. M., *Handbook of Psychoterapy for anorexia and bulimia nervosa*, Nueva York, Guilford, 1985.

GRANGE, D. y LOCK, J., *Treating Bulimia in Adolescents*, Nueva York, Guilford, 2007.

HENGGELER, S. W., SCHOENWALD, S. K., BORDUIN, C. M., ROWLAND, M. D. y CUNNINGHAM, P. B., *Multisystemic therapy for antisocial behavior in children and adolescents: Second edition*, Nueva York, Guilford, 2009.

HUBBLE, M. A, DUNCAN, B. L. y MILLER, S. D. (eds.), *The heart and soul of change: What works in therapy*, Washington DC, American Psychological Association, 1999.

JUNG, C. G., *Obra completa*, Madrid, Trotta, 1999s.

KEEL, P. K. y MITCHELL, J. E., «Outcome in bulimia nervosa», en *American Journal of psychiatry*, 154 (3), 1997, pp. 313-321.

LEVITT, J. L., «A self-regulatory approach to the treatment of eating disorders and self-injury», en J. L. LEVITT, R. A. SANSONE y L. COHN, *Self-harm behavior and eating disorders*, Nueva York, Brunner-Routledge, 2004.

—, SANSONE, R. A. y COHN, L., *Self-harm behavior and eating disorders*, Nueva York, Brunner-Routledge, 2004.

LEWIN, K., «Action Research and Minority Problems», *en Journal of Social Issues*, 2, 1946, pp. 34-46.

LINEHAN, M. M., *Cognitive-behavioral treatment in borderline personality disorder*, Nueva York, Guilford, 1993.

LÓPEZ, S. J. y SNYDER, C. R., *Oxford handbook of positive psychology, second edition*, Nueva York, Oxford University Press, 2009.

LYUBOMIRSKY, S., *The how of happiness: A scientific approach to getting the life you want*, Nueva York, The Penguin Press, 2007.

MAISEL, R., EPSTON, D. y BORDEN, A., *Biting the hand that starves you: Inspiring resistance to anorexia/bulimia*, Nueva York, Norton, 2004.

MARLATT, A. G. y DONOVAN, D. M., *Relapse prevention: Maintenance strategies in the treatment of addictive behaviors: Second edition,* Nueva York, Guilford, 2005.

MCDERMOTT, D. y SNYDER, C. R., *Making hope happen: A workbook for turning possibilities into reality*, Oakland (CA), New Harbinger, 1999.

Mee-Lee, D., McLellan, T. y Miller, S. D., «What works in substance abuse and dependence treatment», en B. L. Duncan, S. D. Miller, B. E. Wampold y M. A. Hubble (eds.), *The heart and soul of change: Second edition: Delivering what works*, Washington DC, American Psychological Association, 2010, pp. 393-419.

Miller, A. L., Rathus, J. H. y Linehan, M. M., *Dialectical behavioral therapy with suicidal adolescents*, Nueva York, Guilford, 2007.

Mitchell, J. E., Davis, L. y Goff, G., «The process of relapse in patients with bulimia», en *International Journal of Eating Disorders*, 4, 1985, pp. 457-463.

Nardone, G., *El arte de la estratagema, o Cómo resolver problemas difíciles con soluciones simples*, Barcelona, RBA, 2004.

—, *La dieta de la paradoja*, Barcelona, Paidós, 2009.

—, *Problem solving estratégico: el arte de encontrar soluciones a problemas irresolubles*, Barcelona, Herder, 2010.

— y Balbi, E., *Surcar el mar sin que el cielo lo sepa*, Barcelona, Herder, 2009.

—, Loriedo, C., Zeig, J. y Watzlawick, P., *Hipnosis y terapias hipnóticas*, Barcelona, RBA, 2008.

— y Portelli, C., *Conocer a través del cambio*, Barcelona, Herder, 2012.

— y Salvini, A., *Dizionario internazionale di psicoterapia*, Milán, Garzanti, 2011*a*.

— y Salvini, A., *El diálogo estratégico: comunicar persuadiendo*, Barcelona, Herder, 2011*b*.

—, Verbitz, T. y Milanese, R., *Las prisiones de la comida: vomiting, anorexia, bulimia*, Barcelona, Herder, 2011.

— y Watlazwick, P., *Brief Strategic Therapy: philosophy, techniques and research*, Nueva Jersey, Rowman & Littlefield, 2005.

Norcross, J., «The therapeutic relationship», en B. L. Duncan, S. D. Miller, B. E. Wampold y M. A. Hubble (eds.), *The heart and soul of change: Second edition: Delivering what works in therapy*, Washington DC, American Psychological Association, 2010, pp. 114-143.

O'Hanlon, W. H. y Weiner-Davis, M., *In search of solutions: A new direction for psychoterapy*, Nueva York, Norton, 1989, pp. 114-143.

Palazzoli, M.S., «Why a long interval between sessions? The therapeutic control of the family-therapist suprasystem», en M. Andolfi e I. Zwerling (eds.), *Dimensions of family therapy,* Nueva York, Guilford, 1980, pp. 161-171.

Pennebaker, J. W., *Opening up: The healing, power of expressing emotions*, Nueva York, Guilford, 1997.

—, *Writing to heal: A guided journal for recovering from trauma and emotional upheavel*, Oakland (ca), New Harbinger, 2004.

— y Graybeal, A., «Patterns of natural language use: Disclosure, personality, and social integration», en *Current Directions in Psychological Science*, 10, 2001, pp. 90-93.

— y Susman, J. R., «Disclosure of traumas and psychosomatic processes», en *Social Science and Medicine*, 26, 1988, pp. 327-332.

Peterson, C., *A primer in positive psychology*, Nueva York, Oxford University Press, 2006.

— y Seligman, M. E. P., *Character strengths and virtues: A handbook and classification,* Nueva York, Oxford, University Press, 2004.

Pichot, T. y Dolan, Y., *Solution-focused brief therapy: Its effective use in agency settings,* Binghamton (ny), Haworth, 2003.

Popper, K., *Conocimiento objetivo: una perspectiva evolucionaria*, Madrid, Tecnos, 2005.

Prochaska, J. O., Norcross, J. y DiClemente, C. C., *Changing for good: A revolutionary six-stage program for overcoming bad habits and moving your life positively*, Nueva York, Harper Collins, 2006.

Safer, D. L., Telch, C. F. y Chen, E. Y., *Dialectical behavior therapy for binge eating and bulimia*, Nueva York, Guilford, 2009.

Sansone, R. A. y Levitt, J. L., «The prevalence of serlf-harm behavior among those with eating disorders», en J. L. Levitt, R. A. Sansone y L. Cohn, *Self-harm behavior and eating disorders*, Nueva York, Brunner-Routledge, 2004.

— y Levitt, J. L., *Personality Disorders and Eating Disorders* Nueva York, Taylor & Francis Group, 2006.

Selekman, M. D., *Pathways to change: Brief therapy with difficult adolescents: Second edition*, Nueva York, Guilford, 2005.

—, *Working with self-harming adolescents: A Collaborative strengths-based brief therapy approach*, Nueva York, Norton, 2006.

Selekman, M. D., *The adolescent and young adult self-harming treatment manual: A Collaborative strengths-based brief therapy approach*, Nueva York, Norton, 2009.
—, *Collaborative brief therapy with children*, Nueva York, Guilford, 2010.
— y Schulem, H., *The self-harming adolescents and their families expert consultants project: A qualitative study*, manuscrito no publicado, 2007.
Seligman, M. E. P., *La auténtica felicidad*, Barcelona, Ediciones B, 2005.
Sirigatti, S., Stefanile, C. y Nardone, G., *Le scoperte e le invenzioni della psicologia*, Milán, Ponte alle Grazie, 2008.
Siver-Cohn, S., *Using clients' perceptions in family therapy with at-risk adolescents and their families*, tesis de doctorado no publicada, 2010.
Snyder, C.R y Lopez, S.J., *Positive psychology: The scientific and practical exploration of human strengths*, Thousand Oaks (ca), Sage Publications, 2007.
Waller, G., «Sexual abuse and the severity of bulimic symptoms», en *British Journal of Psychiatry*, 161, 1992, pp. 90-93.
Watzlawick, P., Beavin, J. H. y Jackson, D. D., *Teoría de la comunicación humana: interacciones, patologías y paradojas*, Barcelona, Herder, 1995.
— y Nardone, G., *Terapia breve estratégica*, Barcelona, Paidós, 2000.
—, Weakland, J. H. y Fisch, R., *Cambio: formación y solución de los problemas humanos*, Barcelona, Herder, 2003.
White, M., *Maps of narrative practice*, Nueva York, Norton, 2007.
Whitlock, J., *Non-Suicidal Self-Injury and recovery: What students say about why they started, how they stopped, and what they learned along the way*, Workshop presented at the Creating Healthy Community Conference, University of Michigan, Ann Arbor (mi), marzo de 2008.
—, Eckenrode, J. y Silverman, D., «Self-injurious behavior in a college population», en *Pediatrics*, 117 (6), 2006, pp. 1939-1948.
Zerbe, K., *Integrated treatment of eating disorders*, Nueva York, Norton, 2008.